W0025251

Eric-Emmanuel Schmitt

Mein Leben mit Mozart

Aus dem Französischen von
Inés Koebel

Ammann Verlag

Die Originalausgabe ist 2005 unter dem Titel
»Ma vie avec Mozart« bei Éditions Albin Michel, Paris, erschienen.

Erste Auflage
© 2005 by Ammann Verlag & Co., Zürich
www.ammann.ch
Alle deutschsprachigen Rechte vorbehalten
© 2005 by Albin Michel, S. A., Paris
Satz: Gaby Michel, Hamburg
Druck und Bindung: Clausen & Bosse, Leck
ISBN 3-250-60085-7

*Mein Leben mit
Mozart*

Er meldete sich als erster.
Eines Tages, ich war fünfzehn, schickte er mir eine Musik. Sie hat mein Leben verändert. Oder vielmehr: Sie hat mich am Leben erhalten. Ohne sie wäre ich längst tot. Seither schreibe ich ihm oft, manchmal nur ein paar flüchtige Zeilen an der Tischkante, während ich an einem Buch arbeite, dann wieder lange Briefe, nachts, wenn der Himmel sternenlos und schwer über der orangefarbenen Stadt hängt. Wenn ihm danach ist, antwortet er mir, das kann während eines Konzerts sein, in der Halle eines Flughafens oder an einer Straßenecke, und immer wieder bin ich überrascht, überwältigt.

Hier nun das Wesentliche unseres Austausches: seine Stücke, meine Briefe. Mozart kommt in Tönen zu Wort, ich in Texten. Mehr noch als ein Meister der Musik ist er für mich ein Meister in Sachen Weisheit geworden, er lehrt mich Kostbares: Staunen, Milde, Heiterkeit und Freude...

Wie nennt man so etwas? Freundschaft? In meinem Fall handelt es sich um Liebe, gepaart mit Dankbarkeit.

Was ihn anbetrifft...

Mit fünfzehn war ich das Leben leid. Wahrscheinlich muß man so jung sein, um sich so alt zu fühlen...

Ohne die Hand, die mich zurückhielt, hätte ich irgendwann Selbstmord begangen. Ein Tod, der mich unwiderstehlich anzog, mir Linderung versprach, eine geheime Zuflucht, die mir erlaubte, unbemerkt Schluß zu machen mit meinem Schmerz.

Woran leidet man mit fünfzehn?

Genau daran: daß man fünfzehn ist. Man ist kein Kind mehr und noch kein Mann. Man schwimmt mitten im Fluß, hat das eine Ufer verlassen und das andere noch nicht erreicht, schluckt Wasser, geht unter, kommt wieder hoch, kämpft gegen die starke Strömung, mit einem Körper, der jung ist und unerprobt, man ist allein, ringt nach Luft.

Plötzlich, mit fünfzehn, schlägt sie brutal zu, die Wirklichkeit; tritt ein und richtet sich ein. Und aus ist es mit den Illusionen. Als kleinerer Junge konnte ich noch alles sein: Flieger, Polizist, Zauberkünstler, Feuerwehrmann, Tierarzt, Automechaniker und Prinz von

England; auch meiner äußeren Erscheinung waren keine Grenzen gesetzt, mal war ich groß, mal schlank, mal untersetzt, muskulös oder elegant; ich schrieb mir die vielfältigsten Begabungen zu, verstand mich auf die Mathematik, die Musik, den Tanz, die Malerei, die Bastelei; ich besaß ein Talent für Sprachen, war der geborene Sportler und verstand mich auf die Kunst des Verführens, kurzum ich konnte mich, weil es die Wirklichkeit in meinem Leben noch nicht gab, in alle Himmelsrichtungen entfalten. Wie schön war doch die Welt, solange sie nicht wirklich war... Mit fünfzehn aber schrumpfte mein Aktionsfeld, meine Aussichten schwanden, kippten wie Zinnsoldaten, meine Träume nicht anders. Fuhren reihenweise in die Grube.

Und schon zeichnete sich ein Körper ab: meiner. Betroffen verfolgte ich seine Entwicklung im Spiegel. Behaarung... Das Letzte! Überall wuchsen mir Haare, mir, der ich bisher die Haut eines Babys hatte, glatt und samten... Wer zum Teufel hatte sich das einfallen lassen? Ein Gesäß... Ist es nicht zu dick? Ein Geschlecht... Sieht es gut aus? Ist alles in Ordnung damit? Kräftige, lange Hände. Für meine Mutter »Pianistenhände«, für meinen Vater »Würgerhände«... Nur zu, einigt euch! Quadratlatschen... Hinter verschlossener Badezimmertür, bei laufendem Wasser, damit jeder dachte, ich wusch mich, verbrachte ich Stunden damit, mir die Katastrophe anzusehen, die mir der Spiegel vor Augen hielt: Das ist er, dein Körper, mein Junge, gewöhn dich dran, auch wenn's dir komisch vorkommt, vergiß nicht, du hast nur den einen, um damit zu tun, was ein Mann tun muß: rennen, verführen, küssen, lieben ... Aber war er dazu überhaupt in der Lage? Je eingehender ich ihn erforschte, um so lauter meldeten sich berechtigte Zweifel: War ich entsprechend ausgestattet?

Zugleich trieben mich bisher ungekannte Empfindungen um ... der Gedanke an den Tod ließ mich nicht los. Ich spreche nicht von der panischen Angst, wie sie mich manchmal abends zwischen den Laken überkommen hatte, während die anderen längst schliefen. Und ich dann im Halbdunkel dasaß, an die kalten Gitterstäbe des Bettes geklammert, weil mir plötzlich der Verdacht kam, daß es irgendwann vorbei war mit dem Leben; nein, ich meine nicht dieses nackte Entsetzen, das verfliegt, kaum scheint irgendwo ein Licht auf, sondern ein beständig lastendes, tiefsitzendes Unbehagen, einen chronischen Schmerz.

Während meinen Körper von Kopf bis Fuß eine neue, bisher ungekannte Kraft durchströmte und ich zu einem jungen Mann heranreifte, beschlich mich zugleich eine dunkle Vorahnung: Genau diesen Körper würde man eines Tages begraben. Mein Leichnam zeichnete sich bereits ab. Ich ging meinem Ende entgegen. Wir alle gingen dem Tod entgegen, und meine Schritte gruben unweigerlich mein Grab. Dem nicht genug, befand sich dieses Grab nicht nur am Ende meines Weges, sondern mein Weg führte schnurstracks darauf zu.

Ich war überzeugt, den Sinn des Lebens begriffen zu haben. Und das war der Tod.

Wenn sich aber der Tod als der Sinn des Lebens erwies, hatte das Leben keinen Sinn mehr. Und wenn wir uns auf eine Augenblicksbewegung von Molekülen reduzierten, eine eher flüchtige Anordnung von Atomen, wozu dann überhaupt leben? Warum ihm also einen Wert beimessen, diesem wertlosen Leben? Warum es bewahren, dieses leblose Leben?

Die Welt hatte ihren Reiz verloren, ihre Farben, ihren Zauber, war nur noch ein trügerischer Schein. Ich war auf den Nihilismus gekommen, weihte mich selbst ein in diese Religion des Nichts. Das Alltägliche hatte sich seiner Wirklichkeit entäußert: Ich sah nur noch Schatten. Ein Körper aus Fleisch und Blut? Eine Illusion... Ein Mund, der mir zulächelte? Künftiger Staub ... Meine lärmenden, aufsässigen Kameraden? Leichen: zu Skeletten abgemagert. Nichts mehr hielt meinem krankhaften Röntgenblick auf die Welt stand. Das rundeste Mädchengesicht verriet bereits den Totenkopf.

Selbst Haare, diese trockenen, obszönen Schlangen, stießen mich ab, seit ich wußte, daß sie ihre eigene Dauer haben, länger als unsere, sie wachsen selbst im Sarg weiter.

Das Leben, dieses kurze, nutzlose Affentheater, ich wollte nichts mehr damit zu tun haben.

Mit der ganzen Kraft meiner fünfzehn Jahre stürzte ich mich in die Verzweiflung. Fieber, Schüttelfrost, Herzrasen, Erstickungsängste, Unwohlsein, Ohnmachtsanfälle. Mein Körper bot mir sämtliche zur Verfügung stehenden Fluchtmöglichkeiten.

Irgendwann schlugen sich die vielen Stunden, die ich auf der Krankenstation verbrachte, in meinen Leistungen nieder, und die Schulleitung schlug Alarm.

Meine Eltern gingen mit mir von Arzt zu Arzt. Ich wurde jedesmal auf der Stelle gesund, nur um nicht Rede und Antwort stehen zu müssen. Sie suchten das Gespräch mit mir, ich gab mich wortkarg.

Niemand verstand, was in mir vorging. Fragte man mich, verstummte ich vollends. Schließlich hatte ich die Bürde eines Eingeweihten zu tragen: Wenn ich die Geheimnisse unseres Daseins ergründet hatte, wenn ich – offenbar als einziger – sah, wie dieses Universum vom Wundbrand des Todes befallen war, wie trügerisch und unbeständig, warum sollte ich dieses Geheimnis dann lüften? Solange es die anderen in ihrer Unbedarftheit nicht merkten, wozu ihnen die Augen öffnen? Damit sie litten wie ich? Nein, so grausam war ich nicht... Selbstlos behielt ich meine erschreckenden Erkenntnisse für mich, mir lag nicht daran, daß sich die Wahrheit wie eine Krankheit ausbreitete... Mir war lieber, jeder glaubte, das Leben sei schön, auch wenn ich wußte, daß genau das Gegenteil der Fall war... Ausgestattet mit einem klaren Verstand, begriff ich mich als Märtyrer des Nihilismus: Es kam nicht in Frage, daß ich den anderen die völlige Bedeutungslosigkeit des Seins enthüllte. Wenn man in der Verzweiflung lebt, diesem Elendsviertel des Geistes, beneidet man die Bewohner der Reichenviertel nicht: man straft sie mit Vergessen oder siedelt sie auf einem anderen Planeten an.

Doch so leicht stirbt man nicht am Fieber, selbst wenn die Temperatur in wenigen Minuten auf vierzig Grad ansteigt; und genausowenig schwitzt man sich zu Tode, so groß die Angst auch sein mag...

Da mein Körper sich weigerte, mir zu helfen, mußte ich ihm helfen – zu verschwinden.

Ich dachte ernsthaft an Selbstmord.

Während der vielen Stunden, die ich in der Badewanne zubrachte, hatte ich meine Methode gefunden. Ich wollte es halten wie Seneca. Der feierliche Ablauf stand fest. In der Badewanne liegend, beschützt von einer dicken Schaumschicht, würde ich mir mit einem scharfen Messer die Pulsadern öffnen, mein Blut würde sanft entweichen und mein Leben in den blauen Wassern ertränken. Ein schmerzloser Tod, um eine Welt der Schmerzen zu verlassen. Unerfahren in Sachen Liebe, stellte ich mir dieses Sterben wie ein lustvolles Vergehen vor, wie die Umarmung Draculas, diesen Vampirkuß, unter dem den Frauen die Sinne schwinden, ein sanftes Hinübergleiten...

Aber der Gedanke, nackt aufgefunden zu werden, war mir peinlich. Dieser Körper, dieser Körper eines noch unfertigen Mannes, dieser unberührte Körper, den noch keiner je gesehen, umfangen oder geküßt hatte, nein, den sollte man weder auffinden noch irgend etwas mit ihm anstellen. Und so verzögerte die Scham die Ausführung meines Planes.

Demungeachtet fühlte ich mich derart miserabel, daß die hinderliche Prüderie gewiß bald wich und der Augenblick der Erlösung nicht mehr lange auf sich warten ließ...

In dieser Verfassung wohnte ich eines Nachmittags Proben an der Oper von Lyon bei. Unser Musiklehrer hatte erreicht, daß seine besten Schüler in den Genuß dieses Privilegs kamen.

Als ich den Saal betrat, fielen mir zunächst nur die zerschlissenen Sitze auf, der Staub auf dem stockigen Samt, die Feuchtigkeit, unter der sich die Tapeten lösten und die Gemälde wellten. Dieses alte Theater, das ein Jahrhundert ohne Renovierungen hinter sich hatte, entsprach voll und ganz meiner Weltsicht, denn auch hier sah ich überall nur Verfall.

Die Proben begannen. Vom Orchestergraben aus begleitete ein Klavier die Sänger, Regisseur und Assistenschar sprangen harsch mit ihnen um. Es wurde gemeckert, wieder von vorne angefangen und wieder kritisiert. Es war eine Qual. Ich langweilte mich maßlos. Jedenfalls vermochte nichts mein Interesse zu wecken.

Da erschien eine Frau auf der Bühne. Zu dick. Zu viel Schminke. Zu unbeholfen. Verzweifelt wie ein gestrandeter Walfisch, versuchte sie sich auf der Szene zurechtzufinden.

»Geh vom Fenster zum Frisiertisch und von dort wieder zum Bett.«

Je mehr man sie lautstark herumdirigierte, um so zögerlicher wurde sie, begann erneut von vorn, suchte nach Orientierungspunkten, die sie nicht fand, wurde noch unsicherer, bemühte sich vergeblich um Anmut und Unbefangenheit.

Auch das Kostüm trug wenig zu ihrem Wohlbefinden bei: Sie wirkte, als hätte sie sich aus Versehen im Bühnenvorhang verfangen, einem schweren, groben Stoff, nahm sich aus wie ein Kleiderbündel mit einem gewaltigen, unförmigen Knoten im Rücken. Einem

Knoten, aus dem ich mir ein ganzes Boot hätte bauen können, ein Bett, eine Ruhebank.

Mit ihren kleinen Patschhänden, ihren hölzernen Bewegungen, ihrem steifen Kostüm, ihrer maskenhaften Schminke und ihrer starr gelockten Perücke glich diese Frau einer überdimensionalen, pathetischen Puppe.

»Danke, lassen Sie uns jetzt singen«, sagte der Regisseur erschöpft.

Die Frau begann zu singen.

Und plötzlich wurde alles anders.

I
Figaros Hochzeit
KV 492
Akt III
Arie der Gräfin
Dove sono i bei momenti

Mit einem Mal war die Frau schön. Aus ihrem kleinen Mund kam eine klare, helle Stimme. Sie füllte das riesige Theater und die leeren Sitzreihen, stieg empor zu den dunklen Rängen, schwebte über uns, ätherisch, getragen von einem schier unerschöpflichen Atem.

Statuenhaft, strahlend ließ die Sängerin ihren zu einem Instrument aus Fleisch und Blut gewandelten Körper erklingen. Was ihrem Timbre diese Fülle, diesen Schmelz verlieh, waren die wogende Brust, die sanften

Schultern, die weichen Wangen, der prachtvolle Leib, der ebenso wie Töne herrliche Kinder hätte hervorbringen können.

Die Zeit war stehengeblieben.

Ich war fasziniert angesichts dieser fraulichsten aller Frauen, gefangen von ihrem Gesang, ließ mich von ihm einhüllen, einlullen, aufwühlen, mitreißen, liebkosen... War nur noch dieser Atem, ihr Atem, hing an ihren Lippen, ihren Hüften. War ihr ausgeliefert. War glücklich.

Dove sono i bei momenti
Di dolcezza e di piacer...

Verstand ich recht? Diese Worte spielten auf das Glück an, ein Glück, dessen Geheimnis mir verschlossen war; sie riefen Augenblicke der Süße wach, die zwei Liebende erlebt hatten, vergangene Freuden. Doch kraft Gesanges wurde ein verlorenes Paradies zu einem gegenwärtigen.

Wir liebten uns in der Musik.

Meine Lebensgeister kehrten zurück. Und auch das Staunen. Ja, Schönheit brandete auf in diesem Saal, alle Schönheit dieser Welt, man machte sie mir zum Geschenk, dort, vor meinen Augen.

Als die Sopranistin verstummte, trat eine Stille ein,

die fast so bewegend war wie der Gesang, eine zweifellos mozartsche Stille...

Was dann kam, habe ich vergessen.

Ich weiß nur noch, daß ich von diesem Moment an geheilt war.

Tschüs Verzweiflung! Tschüs Niedergeschlagenheit! Ich wollte leben. Wenn es so herrliche Dinge gab auf der Welt, von solcher Fülle und Intensität, dann lockte mich das Dasein.

Und schon verspürte ich Ungeduld. Der Beweis meiner Genesung.

»Wann kann ich dieses Stück wieder hören? Ich muß meine Eltern überreden, Karten für uns zu kaufen.«

Doch etwas machte mir zu schaffen, ein weiteres Zeichen meiner Genesung.

Blieb mir überhaupt noch genügend Zeit, um all die Wunder zu entdecken, die es auf diesem Planeten in Hülle und Fülle gab? Wie viele mochten mir durch die Lappen gehen? Vorausgesetzt, ich blieb bis über Neunzig bei guter Gesundheit, dann etwa...

Ja, derlei Überlegungen stellte ein Junge an, der sich gerade noch die Pulsadern hatte öffnen wollen. Mozart hatte mich gerettet: Man verläßt nicht so einfach eine Welt, auf der man so wunderbare Dinge hören kann, man bringt sich nicht so einfach um auf einer Erde, die solche und andere ähnliche Früchte hervorbringt.

Heilung durch Schönheit... Zweifellos wäre kaum je ein Psychologe auf die Idee gekommen, eine solche Therapie bei mir anzuwenden.

Mozart hatte sie erfunden und mir verabreicht.

Wie eine Lerche, die zum Himmel auffliegt, löste ich mich aus dem Dunkel und stieg auf ins Blau.

Dort suche ich oft Zuflucht.

Lieber Mozart,

als Du in mein Leben kamst, bist Du mir nicht zum ersten Mal begegnet. Im Gegenteil. Du warst mir bereits vertraut. Wie ein Gesicht, das man gesehen, aber nie richtig wahrgenommen hat. Ein bekanntes, wenn auch nicht erkanntes Gesicht, ein Nachbar, der bisher noch kein rechtes Interesse zu wecken vermocht hatte.

Dabei bestand längst eine Verbindung zu Dir, über die Platten meiner Eltern und das Radio. Als meine Mutter mit ihrer Truppe Dein Ballett *Les Petits Riens* tanzte, war das für mich Anlaß, die kleinste Gavotte daraus und den letzten Passepied auswendig vor mich hin zu trällern. Ich mochte Deine Musik, ich hatte im Alter von neun auf eigenen Wunsch mit dem Klavierspielen angefangen und spielte, als ich Dich entdeckte, bereits Deine Sonaten. Warum also diese selektive Taubheit?

Diese Taubheit stellte ich im übrigen auch schnell bei anderen fest. Eine Woche nach meinem ersten Opernbesuch ging ich in Begleitung meiner Familie in die öffentliche Vorstellung von *Figaros Hochzeit,* mit Kostümen, Orchester und allem Drum und Dran. Als die Gräfin ihre beiden Arien sang, war ich aufs neue überwältigt von ihrer Ausstrahlung. In Tränen aufgelöst, blickte ich zu meiner Mutter und meiner Schwester, sie schienen weit weniger berührt als ich. In der Pause wurde mir klar, daß nichts sie aufgewühlt hatte, sie gestanden meiner Sängerin zwar eine hübsche Stimme zu, fanden ihr Äußeres jedoch zu stattlich und wenig einnehmend.

»Aber die Musik, Mama, die Musik! Hast du überhaupt hingehört?«

»Der Cherubino liegt mir mehr.«

Ich meinerseits habe Cherubino an diesem Tag kaum wahrgenommen.

Auf so seltsamen, wirren Umwegen macht man große Erfahrungen, sie sind immer ungeordnet, einzigartig und begrenzt, auf unerklärliche Weise etwas Besonderes, für die einen Offenbarung, für die anderen reine Leere.

Demnach warst Du eine verzögerte Liebe auf den ersten Blick, Mozart.

Die Liebe auf den ersten Blick ist in der Kunst wie in der Liebe gleich geheimnisvoll.

Genaugenommen handelt es sich nicht um den »ersten Blick«, denn das Gesehene war ja schon vorher da.

Es ist eher eine Offenbarung als eine Entdeckung.

Doch was wird offenbar? Weder die Vergangenheit noch die Gegenwart. Sondern die Zukunft...

Die Liebe auf den ersten Blick ist ein Wissen um Künftiges... Da sich die Zeit krümmt, entspringt ihr sekundenschnell die Zukunft. Wir reisen in der Zeit. Nicht zur Erinnerung an das Gestern haben wir Zugang, sondern zur Erinnerung an das Morgen. »Das ist die große Liebe, die vor mir liegt.« Liebe auf den ersten Blick heißt begreifen, daß man etwas sehr Starkes, Intensives und Wunderbares mit jemandem teilt.

Als Du mir Deinen ersten Brief bzw. Deine Musik schicktest, wußte ich sofort, daß uns von nun an eine lange, wunderbare Geschichte verbinden würde und Du mich mein Leben lang begleiten, mir folgen und mich führen, mich ins Geheimnis einweihen, mich erfreuen und trösten würdest.

So ist es doch, oder?

Ich zähle auf Dich!

Bis bald.

Lieber Mozart,

wenn ein Vogel singt, bedeutet das Kummer, bedeutet das Freude? Drückt er damit aus, daß er glücklich ist, oder ruft er nach dem Weibchen, das er vermißt? Geheimnis des Gesangs...
    Durch Dich weiß ich, daß Gesang Schönheit ist.

Lieber Mozart,

danke, daß Du mir den Spiegel vorgehalten hast.

Unglücklicherweise habe ich mich darin wiedererkannt.

Ich bin jetzt zwar achtzehn, aber nicht viel weiter als Dein Cherubino, der jünger ist als ich.

> *Ich weiß nicht, was ich bin und was ich tue,*
> *Bald glüh ich wie Feuer, bald erstarr ich zu Eis.*
> *Bei jeder Frau werd ich rot,*
> *Bei jeder Frau klopft mir das Herz.*

Ein unbestimmtes, ängstliches Verlangen treibt mich um, mein Blut ist in Aufruhr, ich drehe meinen Kopf in alle Himmelsrichtungen, und was ich sehe, ist nicht weniger wetterwendisch als ich.

2
Figaros Hochzeit
KV 492
Akt I
Arie des Cherubino
Non so più

Kaum purzelt er auf die Bühne, Dein Cherubino, leicht wie ein Schmetterling, der vom Nektar aller Frühlingsblüten naschen möchte, mit dem Wind bald da-, bald dorthin weht, flatterhaft, ein Spielball seiner Launen, verrät er mir auch schon, daß er für mich gekommen ist. Ungestüm, der Cherubino, ungestüm und ungeduldig findet er die Worte nicht, er, der sich so gut auszudrücken weiß...

Er deklamiert nicht. Er murmelt, zittert, bibbert, reiht wirre Sätze aneinander, die sich kaum zu einer Melodie formen, die Ausdruckskraft und Rhythmus hätte. In diesem Erzittern des Gesangs drückt sich das Erzittern einer Existenz aus, die musikalische Vibration der Jugend.

Ichbezogener Pubertierender, triebbestimmt, dominiert vom Geschlecht, geht er auf in der Betrachtung seiner selbst. Wie Cherubino habe ich eine überschwengliche und eine nachdenkliche Seite; hin- und hergerissen zwischen beiden, geht mir wie ihm der Atem aus.

Die Bewegungen meiner Seele und meines Körpers geschehen mit mir, ich habe keine Kontrolle über sie. Sie vollziehen sich in mir, durch mich, ohne mich... und doch bin ich das. Ich finde mich in diesem stürmischen Orchester wieder, das in Wogen und Synkopen den Gesang fieberhaft unterstützt, wie Wellen, die eine Stimme tragen...

Ein einziges Wort tritt klar hervor, obsessiv: *desio*, Verlangen! Dieses Verlangen beschert Cherubino ebenso unruhige Nächte wie Tage, treibt ihn unweigerlich vorwärts, läßt ihm keine Ruhe.

Plötzlich trägt ihn die Träumerei hin zur leidenschaftlichen Erregung. Cherubino überantwortet sein Problem der Natur, erzählt »dem Himmel« von seiner Liebe, »den Ebenen, den Blumen, Bäumen und Gräsern, dem Wind und dem Quell«.

Doch aus der Traum. Das Gefühl gewinnt Oberhand. Cherubinos Verwirrung verrät sich durch Pausen, durch Verlangsamungen.

Zu guter Letzt aber erklärt er unverfroren:

Und hört mir keiner zu,
Sprech ich von Liebe mit mir

Wie einer, der sich ins kalte Wasser stürzt, verkündet Cherubino, daß er, wenn ihm denn keiner zuhört, und vor allem da ihm der Partner fehlt, keinen anderen Ausweg sieht, als sein Verlangen alleine zu stillen...

Dank Deiner weiß ich jetzt, daß ich nicht der einzige bin, dem es so ergeht. Auch wenn es nicht gerade beruhigend ist zu erfahren, wie viele doch einsam sind...

Während der gesamten Oper will Cherubino nichts

gelingen. Auch mir will nichts gelingen. Dein Trost hält sich also in Grenzen, ganz entschieden!

Und Du? Wie alt warst Du, als Du endlich etwas anderes küssen konntest als Dein Spiegelbild?

Nichts für ungut.
Bis bald.

PS: Welches Geschlecht hat er eigentlich, Dein Cherubino? Im Theater wie im Konzert spielt eine Frau den Jungen. Aber die Travestie hört damit nicht auf, denn später verkleidet Susanna den Jungen als Frau... Der Zuschauer sieht sich also einer Frau gegenüber, die einen Mann darstellt, der wiederum eine Frau spielt...

Wer ist Cherubino?

Aufgrund dieser Verwandlungen ist er für jeden zugleich der Begehrende und der Begehrte. Das begehrende Subjekt und das begehrte Objekt. Gleich ob Lesbierin oder heterosexuelle Frau, ob Homosexueller oder heterosexueller Mann, alle können sich in Cherubino wiederfinden, denn er verkörpert eine Art Ungeheuer, das jeden und alle darstellt, sämtliche Eigenschaften zugleich besitzt, ein widersprüchliches Kind, das unserem Unbewußten gleicht, verschiedenste Triebe in sich vereint...

Cherubino oder die Lust in all ihren Erscheinungsformen... Cherubino oder die Ungewißheit der Erotik...

Cherubino weiß nicht, wer er ist, wo er ist noch wohin er geht. Nur eines ist sicher: Er geht!

Ich auch.

Lieber Mozart,

ein paar Zeilen nur, um Dir mitzuteilen, daß ich endlich ein Mann geworden bin, sofern man darunter jemanden versteht, der die Liebe nicht mehr nur erträumt, sondern angeht. Dazu brauchte ich zwanzig Jahre. Genau wie Du, wie ich Deiner Biographie entnehme. Das also haben wir gemeinsam. Schade allerdings, daß ich nur beim Hinterherhinken und nicht beim Vorauseilen mit Dir gleichziehe.

Warum haben wir, die wir auf anderen Gebieten so wach sein konnten, so lange damit gewartet? Was mich betrifft, hatte ich zu große Angst vor den anderen; und noch mehr vor mir selbst.

Und Du?

Sind wir so langsam, weil wir es gewohnt waren, mit anderem als unseren Körpern zu gefallen, Du mit Deiner Musik und ich – in geringerem Maß – mit Wörtern...?

Kurzum, es ist getan, alles ist gut, danke.

Bis bald.

Lieber Mozart,

ich muß gestehen, ich habe mich wirklich lange nicht mehr gemeldet.
 Wann zum letzten Mal?
 Vor zehn Jahren vielleicht, denn jetzt bin ich dreißig.
 Hatte ich Dich vergessen?
 Fast. Ich war zu beschäftigt mit all den Dingen, die einem mit zwanzig wichtig sind, vor allem, wenn man wie ich glaubt, einen gewissen Rückstand aufholen zu müssen. Kurz, ich bin von der Rolle des Cherubino in die des Don Juan geschlüpft... War gleichermaßen hinter Körpern wie Gedanken her, ebenso neugierig auf Sex wie auf die Philosophie, ich war zügellos, leicht verführ- und schwer erschöpfbar, durch nichts zurückzuhalten, schnell der Dinge überdrüssig.

Deine Oper, *Don Giovanni,* die mit ihrem brennenden Verlangen und ihrer Ruchlosigkeit eine verzweifelte Lebensgier verrät, war im übrigen das einzige Deiner Werke, das ich in der Zeit der Trennung noch hörte.
 Warum diese Entzweiung?

Entzweiung... oder vielmehr dieses Schmollen, das von mir ausging, von mir allein. Asche auf mein Haupt. Sollte ich Dich verletzt haben, so laß mich Dir den Grund erklären: Du warst mir nicht mehr chic genug. In dem Intellektuellenmilieu wissensdurstiger junger Wölfe, angehender Philosophen und künftiger Geisteswissenschaftler, in dem ich mich bewegte, innerhalb einer Gruppe, die eifrig Konzerte zeitgenössischer Musik besuchte, wo man nur vom Sprengen traditioneller Formen spricht, vom Verzicht auf Tonalität, von Brüchen, von Revolution und einer neuen musikalischen Grammatik, kurzum, in dieser Heerschar von Avantgardisten zu erklären »Ich liebe Mozart« war irgendwie unpassend. Sicher, ich hätte Dir heimlich die Treue halten können; aber ich habe dem Druck nachgegeben. Da ich dazugehören wollte, unterwarf ich mich dem ideologischen Konformismus, ich hatte nicht den Mut, ich zu sein, und strich Dich daher lieber feige aus meinem Repertoire.

Ich nahm Dich nur noch als die Karikatur wahr, die man von Dir gezeichnet hatte: den galanten Mozart mit Perücke und Schleifen, zu gefällig, zu einfach, ein Geck in Seidenstrümpfen, eine Durchlaucht in Spitzenrüschen, gerade gut genug, um eine Schachtel mit österreichischem Konfekt zu zieren. Ich brauchte bis vor kurzem noch eine kräftigere, pikantere, schwerer verdauliche und weniger bekömmliche Kost; insbesondere Gerichte, die nicht jedermanns Sache sind.

Verzeih mir, ich war dem Snobismus erlegen. Aber Du gefällst zu vielen Menschen – vom Kind bis zum Greis, vom Analphabeten bis zum Gelehrten, vom Reaktionär bis zum Avantgarde-Regisseur – und taugst daher nicht zum Autor snobistischer Eliten. Da Du einer eingeschworenen Gemeinde von Auserwählten nicht erlaubst, sich selbst wiederzuerkennen und zugleich von der breiten Masse zu unterscheiden, bist Du nicht chic genug, Mozart, tut mir leid.

Allerdings machst Du es Deinen Gegnern auch nicht sonderlich schwer. Denn was Dich auszeichnet, schadet Dir. Heiterkeit, Zugänglichkeit, Liebenswürdigkeit. Manche Komplimente werden zur Herabwürdigung; man kann alle Deine Tugenden gegen Dich verwenden. In dem charmanten Mozart den kleinen Mozart sehen, in der Verführung Demagogie, in der Einfachheit Vereinfachung, im Lichten Blendung, in der Leichtigkeit nichts als Oberflächlichkeit. Du drückst Dich so lebendig aus, daß selbst ein Schülergemüt Deiner Tiefe gegenüber nicht taub bleiben kann, Deinem geistigen Ernst, Deinem feinen Empfinden für den Tod.

Glücklicherweise hast Du mir neulich ein Zeichen gegeben, auf Deine übliche Art. Ich war wie vom Donner gerührt.

Man hatte mir eine Aufnahme von *Figaros Hochzeit* geschenkt, aus einem Grund, der weniger mit Dir zu tun hatte als mit den Interpreten, über die sich die Kritik uneins war.

Ich habe zurückgefunden zu dieser Oper, bewegt wie jemand, der in ein Haus seiner Kindheit zurückkehrt, in dem er glücklich war. Vorsichtig, fast zaghaft, aus Angst, enttäuscht zu werden, durchlief ich zunächst alle Räume, verweilte nicht einmal dort, wo es mir besonders gefallen hatte; doch irgendwann hörte mein Finger auf, den Vorlaufknopf der Fernbedienung zu betätigen, Dein dramaturgisches Genie hatte sich erneut behauptet.

Man erkennt ein Meisterwerk daran, daß man nie auch nur eine einzige Passage überspringt.

Bereits zurückgewonnen, war ich endlich beim vierten Akt angelangt.

3
Figaros Hochzeit
KV 492
Akt IV
Arie der Barbarina
L'ho perduta

Wie kann man so schnell ein Klima erzeugen, Emotion? Wie kann man in wenigen Sekunden so viel sagen?

Die Violinen mit Dämpfer, hypnotisch, fast unwirklich, spielen eine wehmütige, wiegende Musik. Man versteht sofort, daß etwas verlorengegangen ist. In einem nachtdunklen Garten, einem Labyrinth aus beschnittenen Bäumen und Büschen, klagt und schluchzt, eine Laterne in der Hand, ein Mädchen. Es hat sich verirrt. Was bereitet ihm solchen Kummer? Es weint um etwas, das nicht mehr ist... Was es ist, verrätst Du uns nicht. Ist es ein Verwandter, ein Verlobter? Eine Hoffnung, eine Illusion? Seine Jungfräulichkeit? Sein Glaube? Die Kindheit? Die Unschuld?

Was immer es auch sei. Der ganze Kummer zeigt sich, ein wenig schmollend, gewiß, doch unendlich groß. Ein großer Kummer in einer klitzekleinen, für eine winzige Stimme geschriebenen Arie. Für Marianna Gottlieb, ein zwölfjähriges Mädchen...

Die Melodie dreht sich im Kreis, gleicht einer traurigen Obsession, findet sich nicht, kann sich nirgendwo festmachen und verliert sich schließlich an eine Frage, bleibt in der Schwebe, erhält keine Antwort. Reiner Kummer. Gedämpfte, erstickte Windungen des Schmerzes.

Im weiteren Verlauf erfährt man, daß Barberina eine Nadel verloren hat. Wie? Eine solche Verzweiflung wegen einer Nadel!

Ich habe mich an meine frühen Kümmernisse erinnert, sie waren groß, überwältigend, lähmend und würden mich heute nur noch ein müdes Lächeln kosten...

Du hast recht. Schmerz bleibt Schmerz, tut weh, läßt sich nicht vergleichen, was auch immer der Auslöser sein mag. Tragisches Empfinden ist nicht meßbar. Sei es das eines Kindes oder eines Erwachsenen, begründet oder unbegründet, es ist und bleibt tragisch. Die Verzweiflung wegen einer verlorenen Nadel wird zur Metapher für alle Verzweiflungen.

Eine kleine Arie hat mich zurückgebracht zu Dir, zu Deiner sparsamen, unmittelbaren Kunst. Ein paar Takte eines Ritornells haben mich zur Ader gelassen.

Du hast mich von einer Jugendkrankheit geheilt: dem Snobismus und zugleich einer Hypertrophie des Denkens. Ich eilte von Kolloquien in Seminare, entzifferte Manifeste, verachtete meine Gefühle und mein Vergnügen, hörte Musik mit einer Lupe, einem Lexikon und einem Rechenschieber, war überzeugt, daß ein Computer sie besser einschätzen könne als ich. Nicht ganz zu Unrecht, in einigen Fällen... Andererseits erinnert mich Deine Kavatine daran, daß man auch mit einem Herzen hört und daß ein Mensch zunächst Musik komponiert, um andere Menschen zu erreichen, und nicht, um in eine hypothetische Musikgeschichte einzugehen.

Auch wenn ich versucht habe, Dich zu meiden – vielleicht, *weil* ich versucht habe, Dich zu meiden –, heute, Mozart, kehre ich zu Dir zurück.

Diesmal für immer.

Bis bald.

Lieber Mozart,

es war gestern.

Als sich die Stadt dem Joch von Wind und Schnee beugte, hast Du mich an einer Straßenecke überrascht. Die Tränen, die Du mir entlockt hast, haben mein Gesicht und meine Seele erwärmt, mich schaudert noch immer.

Die Sorge, es könnte ihnen in den kommenden Weihnachtsfeiertagen an Geschenken und Essen fehlen, hatte die Menschen zu Hunderten auf die Trottoirs getrieben. Beladen mit Tüten und Paketen, die mich bunt, bauschig und raschelnd umgaben, kam ich mir nicht nur vor, als hätte ich Jahrhundert und Geschlecht gewechselt, sondern als steckte ich in einem ausladenden Reifrock aus der Zeit Napoleons III., der die Passanten, wenn sich unsere Wege kreuzten, zwang, auf die Straße zu springen.

Unter einem blauschwarzen Himmel trieben die Schneeflocken in der Abendluft leicht und zögerlich dahin, während die Schaufenster ein warmes orangefarbenes Licht erhellte. Im Kaufrausch, ein paar Dinge fehlten noch, rannte ich mit eisigen Füßen und feuchten Stiefeln von einem Laden zum anderen, geriet vor jeder Kasse in Panik, das Geld könne mir ausgehen, war stolz, noch genügend zu haben, ging an die zwanzigmal die Gästeliste durch, mich vergewissernd, daß auch jeder sein Geschenk bekam, denn ich wollte Enttäuschungen vermeiden und hoffte auf Wohlgefallen. Gäbe es so etwas wie ein Diplom für den ausgabenfreudigsten Käufer in letzter Minute, ich hätte gute Chancen gehabt.

Kaum hatte ich das – meinen Berechnungen nach – letzte noch fehlende Geschenk in meinen Tragetaschen verstaut, wollte ich nur noch eines, so schnell wie möglich ein Taxi, und trabte auf eine Haltestelle zu.

Da bist Du eingeschritten.

Musik. Ich wandte mich um. Ein Chor sang.

4
Ave verum corpus
KV 618

Es lag etwas Reines, Gesammeltes in der Luft, das mich innehalten ließ.

Aber da war der Schnee, wohin mit meinen Paketen und Tüten, ohne daß sie aufweichten? Also blieb ich, bepackt wie ich war, mit schweren Schultern und brennenden Handflächen, stehen und ließ mich durchdringen vom Geheimnis, das den Raum erfüllte. Es dauerte nicht lang, und warm und salzig schossen mir Tränen in die Augen.

Wann hast Du das geschrieben? In welchem Monat? Welchem Jahr? Wo warst Du damals?

Wie auch immer, dank Deiner begriff ich plötzlich, wo ich mich befand.

Ich sah auf.

Ich stand vor der Kathedrale, es war Weihnachten...

Ich hatte zuvor nichts davon bemerkt.

Um mich her die Häuser des alten Lyon vor dem Platz von Saint-Jean. Die gotische Fassade ragte hoch auf, altehrwürdig, wohlwollend, geschmückt mit Rosetten und Girlanden und einem Zuckerguß aus Schnee. Ich hatte sie gar nicht wahrgenommen, schließlich gibt es nichts zu kaufen in einer Kathedrale...

Auf den Stufen standen im Schutz der Spitzbögen dicht an dicht, Anorak an Anorak, die Sänger mit vor Kälte roten Nasen und Nebelwolken vor dem Mund. Ich trat näher, konnte es kam glauben: sechzigjährige, wenn nicht ältere Gesichter, gegerbt, grob geschnitten und zerfurcht! Eine himmlisch zarte, zeitlose Musik aus den Mündern betagter Menschen.

Auf der Partitur des Dirigenten stand: *Ave, verum corpus* von Wolfgang Amadeus Mozart.

Wieder Du?

Gegrüßt seist du, wahrer Leib,
Geboren aus der Jungfrau Maria,
Der gelitten hat und
Für die Menschen ans Kreuz genagelt wurde,
Aus dessen durchstoßener Seite
Blut und Wasser floß.
Sei für uns ein Vorbild
In des Todes Nöten.

Ich sah zu den Turmspitzen auf, den Wasserspeiern, dem Rankenwerk der Skulpturen bis hin zu den Glocken, und mein Blick verschwamm... Weihnachten... Eine heilige Zeit, ich begriff es durch Dich. Mitten im Winter, wenn man schon fürchtet, daß die Dunkelheit nie mehr weicht, und die Kälte einen zu Eis erstarren läßt, finden sich um den zwanzigsten Dezember herum, wenn die Tage endlich wieder länger werden, Menschen aller Kulturen zusammen, um das noch schwache Licht, die Wiederkehr der Hoffnung zu feiern. Die Kerzen, die wir dann in unseren Häusern entzünden, sind Vorboten des Frühlings; die Feuer, in die wir Kiefernzapfen werfen, ein Vorgeschmack des Sommers.

Diesem Augenblick des Begreifens hast Du mit Deinem *Ave, verum corpus* eine religiöse Bedeutung hinzugefügt.

Und das bei mir.

Du hast mich eindringlich, melodisch, unerbittlich und zugleich sanft gezwungen, Dir Rede und Antwort zu stehen. Warum feierst Du Weihnachten? wolltest Du wissen. Warum gibst Du soviel Geld aus an diesem Tag? Meine Erwiderungen machten mich stutzig, erschreckten mich. Ich hatte mir tatsächlich die ganze Zeit eingebildet, Gutes zu tun, und merkte nun, daß ich eigentlich nur selbstzufrieden war. Ich versuchte, den Egoismus zu übertünchen, der mein Verhalten das Jahr über bestimmt hatte, machte mit Geschenken die Absichten wett, die ich nicht gehabt, die Telefonate, die ich nicht geführt, die Stunden, die ich anderen nicht gewidmet hatte. Statt wirkliche Großzügigkeit auszustrahlen, erkaufte ich mir Seelenfrieden. Meine Spendierfreudigkeit hatte nichts mit Nächstenliebe zu tun, sondern eher mit Berechnung. Ich wollte, daß man gut über mich sprach. Friede auf Erden war mir einerlei, ich wollte, daß man mich zufriedenließ.

Aber dann hast Du mich daran erinnert, daß wir die Geburt eines Gottes feierten, der von Liebe spricht...

Ob ich nun an diesen Gott der Liebe glaubte oder nicht, war ohne Belang, doch wenn ich mir schon erlaubte, Weihnachten zu feiern, sollte ich wenigstens die Liebe festlich begehen...

Ich hatte verstanden.

Als die letzten Worte verklungen waren, wogen die

Tüten und Pakete in meinen Händen nicht weniger als zuvor, aber nun waren sie mit etwas anderem beladen: mit Liebe.

Dieser Friedensgesang offenbarte mir eine Welt, in deren Mittelpunkt nicht ich stand, sondern der Mensch. Er war Ausdruck der Achtung des Menschen für den Menschen, trug unserer Verwundbarkeit Rechnung und unserer Endlichkeit. Das zumindest war die Botschaft der bemützten Mummelgreise in der Säulenvorhalle von Saint Jean.

In jener dunklen Winternacht der Fleischwerdung waren wir Brüder in unserer Schwäche. Du zeigtest mir, daß es ein ausschließlich menschliches Universum gibt, mit seinen eigenen Festen, seinen Regeln, seinen Glaubenslehren und Zusammenkünften, bei denen sich Stimmen in Harmonie verbinden und zu einer Schönheit finden, wie sie nur aus Einklang und Eintracht entstehen kann, dazu bedarf es, daß man sich gemeinsam auf die Suche begibt, dasselbe Ziel verfolgt und seine Empfindungen teilt... Eine Welt entstand parallel zu einer Welt, die Kälte, Eis und Nacht vernichten konnten. Ein imaginäres Universum. Das unsere. Ein Universum, das Du durch Deine Musik widergespiegelt, gezeichnet hast. Hast Du es am Ende gar erschaffen?

An dieses Reich – jenseits von Christentum und Judentum, unabhängig von allen Religionen – wollte ich glauben.

Ob Gott oder Jesus überhaupt existiert, weiß ich heute nicht zu sagen. Doch Du hast mich überzeugt, daß der Mensch existiert.

Oder es zumindest wert ist zu existieren.

Lieber Mozart,

das Leben springt hart mit mir um.
Es bedenkt mich gleichermaßen mit Zuckerbrot und Peitsche. In beiden Fällen empfinde ich es als brutal.
Doch zunächst möchte ich Dir sagen, daß ich mich auf Dein Terrain begeben habe, das Terrain der schöpferischen Menschen. Und nun bin ich Schriftsteller, veröffentlicht, gespielt und in eine Reihe von Sprachen übersetzt. Der Erfolg ist mir mehr oder minder zugefallen, unerwartet, bevor ich überhaupt davon träumte, und dank seiner bin ich in der Lage, mein Brot mit meiner Kunst zu verdienen. Nächsten Monat verlasse ich die Universität, an der ich Philosophie gelehrt habe, um fortan die neue Rolle zu übernehmen, die man mir zugeordnet hat, die eines jungen, begabten Dramatikers.
Gleichzeitig hat das Schicksal mir beschieden, daß ich mich nicht recht an diesem Glück freuen kann. Um mich herum wird gestorben. Menschen, die ich liebe, sind von einer bisher unbekannten Krankheit befallen, einem Virus, das man sich einfängt, wenn man mit je-

mandem schläft. Es schwächt den Körper derart, daß er jeder drohenden Krankheit wehrlos ausgeliefert ist. Man stirbt also nicht an diesem Virus, sondern daran, daß einem die Widerstandskräfte abhanden kommen.

Jede Generation weiß, was Krieg ist. Unsere wird nur auf eine Epidemie zurückblicken. Unsere Niederlage wird ruhmlos sein. Auf die Fotos aus meiner Studienzeit kann ich inzwischen unter mehrere Gesichter ein Kreuz machen. Vierunddreißig Jahre alt, und schon umzingelt von Gespenstern...

Wenn dieses Sterben wenigstens schnell ginge.

Doch statt das Nachlassen der Immunkräfte zu stoppen, können die Ärzte den Krankheitsverlauf nur verlangsamen. Fazit? Sie verlängern das Leiden. Die Patienten werden unweigerlich schwächer, magern ab, verlieren ihre Haare, die Muskeln schwinden, und ihre Lebenskraft erlischt ebenso wie ihre geistigen Fähigkeiten; dem nicht genug, müssen sie, während sie auf das Ende warten, eine weitere Schmach hinnehmen, die vorzeitige Vergreisung.

Ich bin müde, Mozart, so müde. Die Krankenhausflure sind mir nur zu vertraut geworden, ich kenne ihre Gepflogenheiten, ihre Zeitpläne, ihre Gerüche, die gedämpften Geräusche, die unermüdliche Schar der Krankenschwestern in ihren Pantinen, die eiligen, sorgenvoll dreinblickenden Ärzte, die verchromten Rollwagen mit ihrem Sammelsurium an unwirksamen Medikamenten, das Röcheln, das hin und wieder aus den Zimmern dringt, die Angehörigen, die wie versteinert vor den Türen stehen, aus Furcht vor dem Anblick des Kranken; mich schaudert, wenn es dunkel wird, wenn Angst die Patienten überkommt und man bei ihnen sein müßte, um ihnen die Hand zu halten, sie in den Schlaf zu wiegen, ihnen eine Geschichte zu erzählen.

Auch wenn ich nur schwer ertrage, was sich dort abspielt, so bedeutet mir das Krankenhaus doch viel, denn es ist zu einem Ort der Liebe geworden.

Wenn ich es verlasse, verläßt mich mit einem Schlag die Kraft. Komme ich abends, erschöpft von den Gesprächen, wieder in meine dunkle Wohnung zurück, bin ich zu müde, um ein Buch aufzuschlagen, schalte, aus Furcht vor neuen Horrornachrichten, auch kein Radio und keinen Fernseher ein und finde doch nicht zur Ruhe. Ich lege mich nicht einmal hin, da mich diese Position fatal an die der Sterbenden erinnert... oder ist es vielleicht die Scham zu überleben?... Jedenfalls weiß ich nicht, welche nervöse Anspannung mir verbietet, mich gehenzulassen, und mich bis zum Morgengrauen wach hält, diesem Augenblick, wo der Lichthof um die Straßenlaternen verblaßt, die Gehsteige vom Schwarz ins Grau wechseln, das Eisengitter vor dem Bistro an der Ecke langsam nach oben gleitet, um die ersten Arbeiter einzulassen, die, mit der Zigarette in der Hand, kommen, ihren schwarzen herben Kaffee am Tresen zu schlürfen; erst dann erlaube ich mir, meine absurde Nachtwache aufzugeben, und dämmere ein paar Stunden vor mich hin.

Hast Du einen Rat für mich? Weißt Du Abhilfe? Ich bin überzeugt, daß ich nicht der einzige bin auf der Welt, der leidet, aber dieses Leid macht mich so hilf- und ratlos, daß ich mich an Dich wende.

Lieber Mozart,

seltsam, was Dir da gerade geglückt ist! Du hast mich mit einer traurigen Musik in meiner Traurigkeit getröstet.

Und was für einen merkwürdigen Boten Du dazu ausersehen hast! Ich wußte gar nicht, daß es Engel gibt, die sich in einen schwarzen Riesen am Steuer eines verrotteten Autos verwandeln können.

Als ich das Krankenhaus um zwanzig Uhr verließ und ein leeres Taxi am regennassen Straßenrand sah, stürzte ich mich sofort hinein, nicht um schneller nach Hause zu kommen, denn mir graut vor der leeren Wohnung, sondern um die endlose Fahrt mit der Metro zu vermeiden, diese Stationen mit ihrer immergleichen Abfolge und ihren immergleichen Namen, diese unbeschwerten, von meinem Kummer unberührten Reklameplakate, dieses erbarmungslos grelle Licht auf den müden Gesichtern, diese für mich viel zu engen Sitzschalen, diese Gerüche nach alten Körpern, die dem Tag nichts abgewinnen konnten.

Der Taxifahrer, ein Afrikaner mit voller Stimme und

gewaltigem Brustkorb, der fast die ganze Blechkiste einnahm, fragte mich, ob ich etwas gegen Musik hätte.

»Hängt davon ab, was Sie auflegen«, antwortete ich und war auf Jazz oder Reggae gefaßt.

»Ich leg eine CD auf, die mir ein Fahrgast dagelassen hat.«

»Wie Sie wollen.«

»Wenn's Ihnen nicht gefällt, mach ich aus.«

Mit seiner Riesenpranke, in der sich das Steuer seines Vehikels wie ein Miniaturmodell für Kinder ausnahm, drückte er auf einen Knopf, und plötzlich warst Du da, um die Fahrt mit uns fortzusetzen.

5
Klarinettenkonzert
A-Dur
KV 622
2. Satz
Adagio

Gewiegt von den Streichern, flüsterte die Klarinette eine zarte Melodie, von der mit ihren Abwärtsbewegungen eine Art heiterer Traurigkeit ausging.

Zunächst dachte ich, Du hättest mir dieses Adagio aus Sympathie geschickt, einfach so, um mir zu verstehen zu geben, daß auch Du Kummer kennst.

Aber dann begriff ich, daß Du mir etwas anderes sagen wolltest. Obgleich leise und zart, hielt die Klarinette stand, weigerte sich, der Niedergeschlagenheit nachzugeben, erhob sich wieder, sang, entfaltete sich und erreichte eine andere Ebene. Der Kummer war verklärt. Aus Deinem Empfinden war ein Werk geworden. Die Traurigkeit hatte sich in Schönheit verwandelt.

Ich lehnte mich zurück, legte den Kopf in den Nakken und ließ meinen Tränen freien Lauf.

Weinen, endlich. Seit ich mit dem Sterben mir naher Menschen konfrontiert war, hatte ich nicht mehr geweint.

Weinen, endlich. Und annehmen.

Dank Deiner konnte ich es. Ja, ich glaube, ich nehme es endlich an.

Was?

Als ich aus dem Taxi stieg, konnte ich diese Gewißheit, wenn ich sie denn empfand, noch nicht benennen.

Wieder hier, mußte ich Dein Klarinettenkonzert mehrmals hören, um noch besser zu verstehen.

Sich in die unvermeidliche Traurigkeit schicken. Die Tragik des Daseins billigen. Sich dem Leben nicht durch Leugnen verschließen. Aufhören, es sich anders zu erträumen, als es ist. Die Wirklichkeit annehmen. Wie immer sie auch sei.

Dank Deiner bin ich in der Lage, »ja« zu sagen. Seltsam, dieses »Ja«, wo doch mein Jahrhundert, meine geistige Bildung und unsere Ideologien mir mit einem »Nein« Stärke vorgaukeln wollen.

Heute abend habe ich mir verziehen.

Verziehen, daß ich den Lauf der Welt nicht ändern kann. Verziehen, daß ich nicht weiß, wie man sich der Natur, wenn sie uns vernichtet, entgegenstellt. Verziehen, daß Mitgefühl meine einzige Waffe ist.

Heute abend habe ich mir verziehen, daß ich ein Mensch bin.

Danke.

Lieber Mozart,

kürzlich traf ich einen Paläontologen, der Deinen Schädel untersucht hatte. Man hatte ihn vor längerer Zeit einem Massengrab entnommen, pietätvoll aufbewahrt und schließlich durch DNA-Analysen nachgewiesen, daß er der Deine war. Kaum hatte mich der Mann von der Richtigkeit seiner Aussage überzeugt, fragte ich auch schon neugierig:

»Und, was ist anders am Schädel von Mozart?«
»Über seinen Schädel fällt mir nicht viel ein. Hingegen... aber, das wird Sie schockieren...«
»Erzählen Sie.«
»Nein, das wird Ihnen nicht gefallen.«
»Ich bitte Sie.«
»Nun gut, Sie machen sich keine Vorstellung über den Zustand seiner Zähne – eine Katastrophe!«

Ich zuckte zurück, sann über Dich nach. Nein, schockiert war ich nicht, mir schwindelte.

6
Eine kleine Nachtmusik
Serenade G‑Dur
KV 525
4. Satz
Rondo Allegro

Wie nur konntest Du diese leichte, luftige, fließende, beschwingte Musik schreiben, und dazu noch mit einem ramponierten Leib und Zahnschmerzen?

Wiederholt hatte ich bei der Lektüre von Biographien über Dich festgestellt, daß Du erschöpft von Deinen Reisen und einem Übermaß an Aktivität monate‑, wenn nicht jahrelang mit Infektionen, Verdauungs‑ und Nierenproblemen zu tun hattest, aber von Deinen Zähnen hatte ich noch nichts gehört...

Mir fällt ein Satz von Dir aus Deiner Jugend ein: »Kein Tag, an dem ich nicht an den Tod denke.« Diese Äußerung und der erbärmliche Zustand Deines Gebisses rücken Deine Freude erst ins rechte Licht. Sie beruht nicht auf Verdrängung, im Gegenteil, sie kennt das Unglück, ist eine Reaktion auf den Schmerz. Sie nährt sich aus dem Elend. Eine bewußte, eine beschlossene Freude. Eine Freude, die Freude macht.

Gibt es eine bessere Voraussetzung für Optimismus? Heutzutage hat der Optimismus schlechte Karten; wenn man ihn nicht für Dummheit hält, dann für ein Zeichen mangelnden Durchblicks. In bestimmten Kreisen geht man sogar so weit, einen Nihilisten zur Intelligenzbestie zu erklären, einen, der auf das Dasein pfeift, den traurigen Hanswurst, der ein vielsagendes »Na und« von sich gibt oder fortgesetzt verkündet »jedenfalls, das läuft nicht gut und wird noch böse enden«.

Man vergißt dabei, daß der Optimist und der Pessimist von dem gleichen Tatbestand ausgehen, nämlich von Schmerz und Leid, von der Vergänglichkeit unserer Lebenskraft und der Kürze unserer Tage. Während sich der Pessimist der Lethargie überläßt, sich dem Negativen verschreibt und widerstandslos untergeht, gibt sich der Optimist einen Ruck, versucht hochzukommen und sich zu retten. Wieder an die Oberfläche kommen heißt nicht, oberflächlich werden, sondern auftauchen aus dunklen Tiefen, um den Kopf unter der Mittagssonne so über Wasser zu halten, daß wir frei atmen können.

Mir fehlt nicht nur das Verständnis für das praktische Interesse an der Traurigkeit, ich habe auch nie das philosophische Interesse am Pessimismus verstanden. Warum seufzen, wenn man noch in der Lage ist zu lächeln? Wozu seine Niedergeschlagenheit mitteilen, seine Feigheit eingestehen? Es nützt weder einem selbst noch den anderen. Wenn unser Körper Leben in Gang setzt, wozu muß unser Geist dann das Gegenteil tun? Wenn unsere Lust Kinder hervorbringt, warum sollte unser Intellekt dann über dem Nichts brüten?

Das Lächeln eines Leidenden ist etwas Erhebendes, die Luzidität eines Sterbenden ist ergreifend; die Schönheit eines Schmetterlings erschüttert...

Als ich wieder zu Hause war und an den Zustand Deiner Zähne dachte, verspürte ich Verlangen nach Deiner geistlichen Musik, sie hat mich erneut nachdenklich gestimmt.

Mozart, die Menschheit hat sich verändert. Die Welt ist besser geworden, ohne daß wir uns dessen bewußt sind. Dein und mein Jahrhundert unterscheiden sich nicht nur auf dem Gebiet der Technologie, sondern auch im Hinblick auf das Leben. Auch wenn die Menschen noch immer sterben, denken sie kaum noch daran, denn ihr Dasein ist länger und bequemer geworden. Du hast in einer Zeit geschrieben, in der man von der Geburt bis zum Tod litt, in der die Medizin noch nicht über viele Medikamente verfügte und weder Heilung noch Linderung verschaffen konnte. Krankheiten rafften junge Menschen hinweg, Ehepaare wie Du und Deine Frau oder Deine Eltern waren gezwungen, sieben Kinder zur Welt zu bringen, um zwei überleben zu sehen... Hat nicht irgendein Baron seine sämtlichen männlichen Nachfahren Johann getauft, da er befürchtete, nur ein einziger könnte das Erwachsenenalter erreichen? Jahrtausendelang töteten die Ärzte mehr, als sie heilten. Sie ließen ihre geschwächten Patienten zur Ader und verringerten auf diese Weise deren Widerstandskraft, wenn sie nicht gar mit unsauberen Instrumenten eine Sepsis verursachten.

Und wozu diente die Religion? Damit ihr lerntet, den Schmerz zu ertragen, ihn anzunehmen und in euren Tagesablauf mit einzubeziehen. Jede Messe begann mit einem »Kyrie Eleison, Christe Eleison« – »Herr, erbarme Dich unser, Christus, erbarme Dich unser«. Gefolgt von »Laudamus te, benedicimus te, adoramus te, glorificamus te« – »Wir loben Dich, wir preisen Dich, wir beten Dich an, wir verherrlichen Dich«. Wenn wir uns heute so leichtfertig lustig machen über diese alte Frömmigkeit und ihre Hingabe an den Schmerz bezweifeln, dann weil uns die Erfahrung fehlt, auf der sie beruhen; die tägliche Erfahrung des Schmerzes, vom ersten Schrei an bis zum letzten, für jeden, überall auf der Erde.

Mit einem Mal war ich tief berührt von den Worten Deiner Messen; auch wenn sie nicht unmittelbar von Dir stammen, sondern Dir vorgegeben waren, nahm ich sie aufmerksam in mich auf und begann zu ahnen, warum Du so gern geistliche Werke schriebst. »Erbarme Dich, erhöre uns.« Dies sind die Stimmen hinfälliger, kranker oder unglücklicher Geschöpfe, Stimmen, die aufsteigen zum Himmel…

Heute geht man auf die Straße, um sich zu beklagen,

man legt Bomben, man geht vor Gericht, greift den Staat an, die Mächtigen und die Industrie... Nicht ganz zu Unrecht, denn viel menschliches Übel ist menschengemacht; andererseits aber wird gemurrt statt gebetet, geschimpft statt nachgedacht. Und Bewunderung kennt man nicht mehr.

Hallelujah ist außer Mode gekommen... und für *Et exultavit* finde ich keine zeitgemäße Entsprechung, es sei denn dieses in Nachsynchronisations-Studios aufgenommene Geröchel beim Unterlegen von Pornostreifen mit Ton... Man frohlockt nicht mehr, Mozart, man geht auf eine Sexparty und man schreit *Yeah,* weil man sein Produkt auf allen Märkten verkaufen will.

Wenn sich der Mensch früher die Ärmel aufgekrempelt hat, um sein Schicksal in die Hand zu nehmen – was gut ist –, so glaubt er heute nur noch an sich selbst. Fazit: eine gerechtere, vielleicht sicherere Welt, aber eine Welt, in der man nichts mehr teilt, weder den Schmerz noch die Freude. Du hingegen zeugst von einer anderen Weisheit, der, die das Leid zuläßt, ohne jedoch die Freude abzutöten, der, die, indem sie die Toten beweint, dennoch das Leben feiert.

Heute nacht bin ich Dank Deiner zurückgekehrt zu diesem Quell der Wohltat, dieser uralten Weisheit, dieser Weisheit, die in der Liebe zum Wahren besteht, der Liebe zur Wirklichkeit, so wie sie ist.

Lieber Mozart,

die Krankheit hat zugeschlagen.

Heute habe ich eine Frau verloren, die ich liebte. Sie hat sich zum Milliardenheer der Toten gesellt, der dahingegangenen Menschheit.

Bald wird unter der Erde ein Körper, den ich gefühlt, umarmt und manchmal sehr fest an mich gedrückt habe, zu nichts.

Ich weiß nicht, was widersinniger oder unwirklicher ist: ihr Tod oder mein Überleben.

Mir fehlt die Zeit, darüber nachzudenken, ich muß mich um andere kümmern, die mich ebenfalls brauchen, gleich ob sie krank sind oder nicht.

Zum Glück gibt es Dich. Deine Musik ist und bleibt meine einzige Vertraute.

Lieber Mozart,

heute jährt sich der Tag, an dem ich die Frau verloren habe, die ich liebte.

Zwölf Monate nach ihrem Tod bin ich noch immer wie vor den Kopf gestoßen, stehe betäubt, stumm, mit trockenen Augen und leeren Händen an ihrem Grab und verstehe noch immer nicht, daß ich sie nicht zurückhalten konnte...

Sie hat all unsere gemeinsamen Erinnerungen mitgenommen, als gehörten sie ihr allein; und nun sind sie mir für immer verschlossen. Ausgenommen die Augenblicke davor, als wir Freunde waren, und die Augenblicke danach, als wir wieder Freunde wurden. Die sechs Jahre unserer Liebe sind mit ihr verschwunden.

Kommt man über das Fehlen eines Menschen hinweg?

»Man gewöhnt sich an den Schmerz, darüber hinweg kommt man nicht«, heißt es.

Gut, aber um sich an den Schmerz zu gewöhnen, müßte man erst einmal Schmerz empfinden; nur schaffe ich es nicht. Ich bin aufgerieben, zermürbt und abgestumpft in meinem Empfinden.

»Du wirst sehen, die Natur hat für alles gesorgt: Du wirst immer seltener daran denken.« –

Seltener daran denken, das wäre schön, das hieße bereits, daran denken, aber dazu ich bin ganz und gar unfähig. Mit Trauer daran denken, mit Freude, mit Wut, mit Wehmut, mit Sehnsucht, womit auch immer, könnte ich nur wenigstens daran denken...

Jedesmal wenn der Name dieser Frau auftaucht, wird es dunkel in mir, mein Denkvermögen setzt aus. Deshalb neige ich dazu, alle zu meiden, die sie gekannt haben, nur damit sie nicht auf sie zu sprechen kommen und diese Kurzschlußreaktion bei mir auslösen; deshalb bin ich auch allein, habe nicht einmal mich mehr.

»Trauerarbeit leisten...«

Wie denn? Wo ich nur auf der Stelle trete.

Bitte, Mozart, hilf mir.

Mach, daß ich wieder Herr meiner Vergangenheit werde, wieder Zugang zu ihr finde. Ein Stück meines Lebens ist dem Vergessen anheimgefallen, eine glückliche Zeit, arglos, unschuldig, fröhlich – für sie und für mich. Gib dem Nichts keine Chance!

Lieber Mozart,

danke.

Du warst der Arzt meiner Seele, hast mir auf geschickte Weise Heilung gebracht. Es geht mir besser. Und dazu bedurfte es nur des Adagios eines Violinkonzerts?...

Am Sonntag sah ich mir die Übertragung eines Konzertes im Fernsehen an. Ich war zunächst nicht ganz bei der Sache. Nach einem donnernden Auftakt, wie ihn Dirigenten lieben, denen es an Selbstvertrauen fehlt, durften wir eines Deiner Konzerte hören, ein Jugendwerk. Ich muß gestehen, den ersten Satz fand ich etwas ärgerlich, er war mir ein wenig zu hübsch mit seinem Spitzenkragen und seiner à la mode de Paris gepuderten Perücke.

Doch dann der langsame Part. Das Orchester hebt an zu einer Ritornelle, so wie man sich vor dem Singen räuspert, deutet etwas an, beginnt wieder von vorn; und noch einmal, nichts Großes kündigt sich an. Dann kommt leise die Violine ins Spiel, fast zögernd, einige leichte Noten, Flügel, die sich über die Saiten breiten, und plötzlich wagt sie es, ihr Gesang gewinnt an Sicherheit, rührt an, reißt mit, eine volle und zugleich zarte Stimme.

7
Violinkonzert Nr. 3
G‑Dur
KV 216
2. Satz
Adagio

Ich bin verwirrt, durcheinander. Was ist los? Schon wird es mir klar.

Was ich da höre, ist kein Instrument, es ist das Erbeben einer Seele. Die Stimme eines Kindes übertönt allen Lärm und alles Getöse der Welt. Sie ist es. Die Frau, die ich geliebt habe, ist mit ihrem zarten Gesicht und ihren leuchtenden Augen mit einem Mal wieder gegenwärtig. Sie sieht mich liebevoll an. So finden wir einander wieder.

Der Gesang der Violine, innig und offen wie ihr schönstes Lächeln, dehnt sich weiter aus, erhebt sich, steigt auf, höher und höher...

Dank Deiner kehrt die Erinnerung zurück. Ich, der ich nicht mehr an sie denken konnte, erreiche sie wieder durch die Musik. Deine Violine gibt mir ihre Anwesenheit, ihr Licht zurück.

Durch die Personen in Deinem Orchester führst Du mich zurück auf meine innere Bühne. Hinter Deinen Marionetten erscheinen meine Personen. Dank der Metaphern, die Du mir anbietest, kann ich meine Geschichte erneut denken und verknüpfen.

Danke, ich bin nicht mehr gespalten. Du hast mich mit mir versöhnt.

Lieber Mozart,

weißt Du eigentlich, daß ich Dein Librettist geworden bin? Da ich vor zweihundertfünfzig Jahren nicht für Dich habe arbeiten können, tue ich es jetzt.

Ich schreibe den französischen Text für Deine Oper *Figaros Hochzeit*. Mit dem einen Auge auf dem Stück von Beaumarchais, das den Italiener Lorenzo Da Ponte zu seiner Bühnenfassung inspiriert hat, mit dem anderen auf Deiner Partitur, die Finger auf den Klaviertasten, den Bleistift zwischen den Lippen, den Radiergummi und das Reimwörterbuch in Reichweite, so, unter diesen nicht gerade bequemen Bedingungen, widme ich Morgen für Morgen zwei Stunden diesem Projekt.

Sicher, Du hast die Musik Deines *Figaro* für einen italienischen Text komponiert, und Dein Werk wird auf italienisch lebendig bleiben. Doch wer versteht hier schon Italienisch? Das gesungene Italienisch? Und noch dazu das aus dem Venedig des 18. Jahrhunderts?

Als mein Freund Pierre Jourdan, Direktor der Oper von Compiègne, mich bat, Dein Werk dem französischen Publikum zugänglicher zu machen, dachte ich, der Himmel schickt ihn mir, damit ich meine Schuld Dir gegenüber begleichen kann. Und ich sagte auf der Stelle »ja«. Ja, wir werden Mozart noch populärer machen! Ja, wir werden beweisen, daß Du nicht nur ein musikalisches, sondern auch ein dramatisches Genie warst.

Keine leichte Aufgabe. Ich merkte ziemlich bald, was ich mir da eingebrockt hatte. Und nun sitze ich hier und nehme Deine Sätze auseinander, um Maß und Silbenfluß zu erfassen, um im Französischen die Wörter zu finden, die zur Akzentuierung Deiner Rhythmen taugen, um zu prüfen, ob das Ergebnis hör- und singbar ist. Kurz gesagt, es geht hier zugleich um Theater, Musik, Mathematik, Übersetzung und Poesie.

Die für diese Herausforderung nötige Geduld verdanke ich einzig und allein der mir gewährten Nähe zu Deinem Genie. Ein großer Küchenchef reißt seinen Lehrling mit. Willst Du etwas Schmeichelhaftes hören, da oben, auf Deinem Wolkensessel? Also, setz Dich gerade, und mach die Ohren auf!

Wie jeder große Dramatiker gibst Du all Deinen Figuren ihre Chance. Wenn Du eine Rolle gestaltest, urteilst Du nicht, sondern neigst Dich ihr mit Sympathie zu, Du läßt sie atmen. Du bist so gerecht im Diener Figaro wie gierig im Grafen, so fröhlich in Susanna wie wehmütig in der Gräfin, frech, wenn Cherubino auf die Bühne purzelt, kühl, wenn Bartolo wahrsagt, unvermittelt kindlich, wenn sich Barbarina in der Nacht verirrt. Es ist fast, als könntest Du der gesamten Menschheit in ihrer Vielgestalt und Buntheit, unabhängig von Geschlecht und Alter, Ausdruck verleihen. Sowohl bei Don Juan wie bei Elvira, dem Henker wie dem Opfer, wobei Du den Henker nicht einen Augenblick auf seine Henkersfunktion und das Opfer auf seinen Opferstatus beschränkst, hast Du Sinn für Dichte, für Vielschichtigkeit, und erlaubst dem Publikum, mit Gestalten in Berührung zu kommen, die gänzlich anders sind als es selbst. Du bringst uns das Ferne nah. Du weißt alles zu erzählen, weil alles augenscheinlich wird.

Du hast verstanden, daß Theater die Kunst der Brüche und der Diskontinuität ist. Du änderst beständig den Rhythmus, die Tempi, hier beschleunigst Du, dort wirst Du langsamer, hältst inne, um wieder neu zu beginnen. Man scheitert im Theater, wenn man nur an sich denkt. Die von ihrer Sprache trunkenen Schriftsteller oder die von ihrer Musik verzauberten Komponisten versagen auf der Bühne, denn statt auf die Darsteller und die Gebote der Handlung zu hören, hören sie nur sich selbst. Auch wenn sie Talent besitzen, hindert sie das allzu große Wohlgefallen am eigenen Werk, das Wesentliche wahrzunehmen: das Herz ihrer Darsteller, deren Schritte, das notwendige Innehalten, das Leben, das sich autonom organisiert und improvisiert. Aber mehr noch als das Gehör eines Musikers hast Du das Auge eines Regisseurs. Deine Musik bestimmt die Bewegungen, die Auftritte und Abgänge, unterstreicht ein Detail, löst eine Emotion aus. Sie schafft Handlung, statt sie zu unterbrechen oder zu begleiten. Zu allen Zeiten haben sich Deine Kollegen immer wieder gefragt, wie eine Oper zu funktionieren hat: Zuerst die Musik oder zuerst das Wort? *Prima la musica? Prima le parole?* Ein Schein-Dilemma, dem Du mit *prima il teatro!* begegnest.

Das Theater vor der Musik, das Theater vor der Literatur, nur wenige Komponisten und Schriftsteller sind nach diesem Prinzip verfahren. Daher die Dürftigkeit unserer Spielpläne.

Du komponierst für menschliche Stimmen. Noch nie hat sich ein Sänger mit Deiner Musik die Stimme ruiniert; im Gegenteil, die Gesangslehrer raten erschöpften Stimmen immer, zu Mozart zurückzukehren wie zu einer Muttermilch, die der Kehle wohltut.

Und doch bist Du nicht einfach zu singen, denn Du duldest nur gebändigte Stimmen. Mächtige, außergewöhnliche Stimmen, Stimmen, die imstande sind, sich über ein entfesseltes Orchester zu erheben, Stimmen, die das Volumen über die Melodie stellen, fürchten und meiden Dich oftmals wie ein Gewichtheber das freischwebende Seil; die Dezibelerzeuger wissen, daß sie die Phrasierung vernachlässigen, es an Geschmeidigkeit in der Notenfolge fehlen lassen und die Registerbrüche überspielen können und dennoch mit heftigem Beifall bedacht werden, wenn das schmetternde hohe C kommt, das alle vorherigen Unzulänglichkeiten übertönt. Du, Mozart, widerstehst diesen von der Natur so wohl bedachten Kraftprotzen, da ihre Technik unzulänglich ist. Deine Musik erfordert weder Athleten noch Jahrmarktswunder, sondern Stilisten.

Du verlangst keine großen Stimmen, sondern Stimmen, die zu Instrumenten werden. Eine Mozart-Stimme ist eine klangvolle Stimme, weich und dehnbar, eine Stimme, die den gleichen Abstand zum Schrei und zum Wort wahrt, eine Klarinettenstimme, eine Stimme, die es versteht, sich zurückzuhalten und Linie zu werden. Keine Hervorhebungen und keine forcierten Farben, wenn man Dich interpretiert, kein musikalischer Expressionismus: Gefühl entsteht durch Phrasierung, unversehens, ohne sich anzukündigen, leichthin luftig.

»Leichthin luftig«, so könnte man Deine Kunst beschreiben. »Leichthin luftig« läßt Du Figuren entstehen und eine vielschichtige Musik, darauf bedacht, daß man ihr die dahinterstehende Mühe nicht anmerkt, im Gegenteil, Du suggerierst, alles käme wie selbstverständlich daher.

8
Così fan tutte
KV 588
Akt I
Szene 6
Terzettino
Fiordiligi, Dorabella, Don Alfonso
Soave sia il vento

Dieses Terzettino aus *Così fan tutte,* an dem ich mich ergötze, um mich von meiner Arbeit am *Figaro* zu erholen, eröffnet einen schnellen Zugang zu Deiner Kunst.

Es wird Nacht, es ist windig, in der Bucht von Neapel winken zwei Frauen und ein Mann einem Boot hinterher. Was sagen sie? »Sanft wehe der Wind, ruhig sei das Meer, und alle Elemente mögen unserem Verlangen gütig willfahren.« Gute und glückliche Reise.

In drei Minuten, der Zeit, in der das Boot zu einem winzigen Punkt am Horizont wird, kommt die Quintessenz des Abschieds zum Ausdruck. Abschied wovon? Abschied von den Liebhabern, die in den Krieg ziehen, Abschied vom gegenwärtigen Glück, Abschied vom Traum einer vollkommenen Verbindung, Abschied vielleicht von Unschuld und Aufrichtigkeit, denn von nun an werden in dieser Oper nur noch Fallen gestellt und falsche Tatsachen vorgetäuscht. Welcher Art dieser Abschied auch sei, etwas Wesentliches ist im Begriff, uns zu verlassen.

Die gedämpften Violinen beschwören das sanfte Rauschen des Windes in den Segeln herauf, das Plätschern der Wellen als Echo der verwundeten Herzen, dann heben sich die Stimmen empor, gemeinsam die der Frauen, allein die des Mannes. Strahlen eine sinnliche Zärtlichkeit aus, doch Unruhe schwingt mit, wird deutlich durch die quälende Wiederholung des vieldeutigen Wortes »Verlangen«. Ist es innere Zerrissenheit oder Beschwichtigung? Hinter der Schlichtheit des Wunsches steht ein brennendes Verlangen... die Spannung steigt, kommt in Wellen, sucht zu verebben... hier ist Angst im Spiel und wieder nicht... Die Musik, zwischen Beunruhigung und Gelassenheit, bringt die Sehnsucht nach Unbeschwertheit zum Ausdruck: Sie drückt die Hoffnung aus, daß die Welt so beständig fortbesteht, wie sie sich zeigt – die Paare vereint, das Meer sanft, der Wind gebändigt –, daß sich der Schein nicht als Trug erweist, die See nicht mehr tobt, der Wind nie erwacht und die Leidenschaften ihren Kurs beibehalten... Das Drama, das wahre Drama jenseits des vorläufigen Abschieds, kommt unterschwellig zum Ausdruck... es ist die Unbeständigkeit. Die von Meer und Wind erbetene Ruhe erbitten die Menschen auch von ihren Herzen. Sie erflehen Frieden, Schonung, ein Leben ohne Pein, etwas Unmögliches...

Zitternd, hingebungsvoll, schmeichelnd, schmachtend hoffen sich vereinend die Stimmen, werden leiser und leiser, sind nur noch ein Sehnen.

Was anderes bleibt ihnen übrig?

Am Ende des Gesangs hat die Nacht gesiegt.

All das und mehr hast Du in nur drei Minuten gesagt.

Keine Stimme muß in Tränen ausbrechen, um Kummer zu bekunden, im Gegenteil, Gefühl entsteht durch die trägen Dehnungen der stimmlichen Bögen. Keine Emphase, nur Zurückhaltung. Indem sie rein bleibt, verschleiert sich die Stimme mit Tränen, wie weit offene Augen sich verschleiern, während das Beben und das Erschaudern vom Orchester getragen werden...

Deine Stilisierung ist Sublimation. Du forderst von den Sängern mehr Timbre als Stimmkraft, eher Zartheit als Volumen, Präzision und zugleich Durchlässigkeit, eine Ausstrahlung, die den musikalischen Fluß nicht durch Wörter bricht; die menschliche Seele erscheint uns klar wie eine technische Zeichnung. Du machst die Dinge schöner, als sie sind; oder vielmehr sehen wir sie durch Dich und dank Deiner schöner. So unverfälscht uns Turner lehrt das Meer zu sehen oder Michelangelo einen muskulösen Körper, läßt Du uns die Kraft der Gefühle erkennen, und insbesondere ihre Zwiespältigkeit.

Du bist ein Meister des Vielschichtigen. Du machst

die Extreme, aus denen wir zusammengesetzt sind, auf das Präziseste sichtbar, die Spannungen, die uns ausmachen.

Wirrköpfen ist alles wirr. Und Klarköpfen alles klar, selbst das, was ihnen entgeht. Denn je heller der Verstand, um so leichter findet er Zugang zum Geheimnis.

Lieber Mozart,

ein von sich und seinen Liedchen entzückter Schlagerstar sagte gestern im Fernsehen mit einem schmeichelnden Blick auf sein weiß lackiertes Klavier: »Ich schreibe mit den gleichen Noten wie Mozart.«

Ich hoffe, Du hast Dich darüber ebenso amüsiert wie ich und einmal mehr gesehen, wie nahe gelegentlich Dummheit und Genie beieinanderliegen. Ja, der wasserstoffblonde Sänger mit seiner gigantischen Fönfrisur und dem Hirn eines Spatzen unterstrich etwas ganz Wesentliches: Er komponiert mit nur sieben Noten, wie Du.

Bei ihm allerdings hört man's...

Lieber Mozart,

wie ein Theaterstück schreiben nach Beckett? Wie einen Roman nach dem *Nouveau roman*? Wie philosophieren, wenn die Philosophie ein einziger »Dekonstruktivismus« ist?

Montag abend hatte ich mich in einen Kreis von Leuten verirrt, wo man diese Probleme zur Sprache brachte: Wie heute schöpferisch sein? Ist das überhaupt noch möglich?

Einen Augenblick lang dachte ich, ich träumte und eine alte Erinnerung hätte mich eingeholt, so identisch war die Szene, die mich um fünfzehn Jahre zurückversetzte in die Zeit, als ich, ein munterer Student, in meine »hohe Schule« eintrat, die École Normale Supérieure in der Rue d'Ulm, jenen mythischen Ort der französischen Intellektualität, den einige unserer wunderbarsten Autoren durchlaufen haben, Péguy, Romain Rolland, Alain, Jules Romain, Bergson, Giraudoux, Sartre, Senghor, Foucault und Lévi-Strauss. In einer Arglosigkeit, die schon an ein Mißverständnis grenzte, hatte ich mich auf die Aufnahmeprüfung vorbereitet, ich war überzeugt, die ehrwürdige Institution sei so etwas wie eine Dichterschmiede; doch in Wirklichkeit ermittelt sie durch ein strenges Auswahlverfahren hochbegabte Studenten, die sie zu Universitätsprofessoren heranbildet. Meine Jahrgangskameraden, die einem ähnlichen Irrtum aufgesessen waren wie ich, bezeichneten sich mit der Überheblichkeit ihrer zwanzig Jahre ohne jede Scham als künftige Schriftsteller. Schriftsteller, die ein literarisches Werk planten wie die Gründung eines Haushaltes mit Ehefrau, drei Kindern, einer Geliebten, einer Wohnung in Paris und einem Ferienhaus mit Schwimmbad im Lubéron. Klassenziel: Klasse. Statt das künftige Meisterwerk unverzüglich in Angriff zu nehmen, kamen sie lieber im Café oder auf ihren Studentenbuden zusammen, redeten und rauchten.

Wie ein Theaterstück nach Beckett schreiben? Wie einen Roman nach dem *Nouveau roman?* Wie philosophieren, wenn die Philosophie ein einziger ›Dekonstruktivismus‹ ist?

Im großen und ganzen lief es auf die Frage heraus: Wie noch leben, wenn alles bereits tot ist? Wo noch etwas säen in eine Erde, die unsere Vorfahren stolz bestellt, ausgebeutet und verkarstet haben? Die tückische Antwort auf diese Frage war wiederum die Frage: Was bleibt uns überhaupt noch zu entflammen? Welche Feuer können wir noch entfachen? Diese jungen, gelehrigen und gebildeten Menschen, diese hervorragend gedrillten Studenten, diese artig pomadisierten Musterknaben hielten sich allen Ernstes für Revolutionäre. Da ihr geistiger Impetus im Bruch mit allem Bestehenden bestand, mußten sie protestieren oder dem Dasein abschwören; das war die Quintessenz ihres Erlernten. Da man ihnen erzählt hatte, ihre Vorgänger seien »ans Ende« des Theaters, des Romans, der Philosophie gegangen, versuchten sie, gewissenhaft und konziliant herauszufinden, was sie zerstören mußten, und litten darunter, es nicht zu wissen.

Sie brachten mich schon damals zum Schmunzeln.
»Mozart! Statt zu brechen, setzt das Bereitete fort!«
Ich hatte große Lust, ihnen zuzurufen:
»Mozart! Statt zu zerstören, lernt aufzubauen.«
Ich behielt meine Gedanken für mich:
»Mozart! Ahmt nach, wiederholt, stellt euch selbst die Aufgaben; wenn ihr etwas zu sagen habt, dann seid ihr auch dazu fähig.«

Als sie von der Erfindung einer neuen Grammatik sprachen, einer ungekannten Syntax, noch nie dagewesenen Formen, konnte ich mir nicht verkneifen zu denken:
»Mozart! Er war weder neu noch ein Erneuerer, aber immer eigenständig, einzigartig und ausdrucksstark. Von seinem zuhälterischen Vater quer durch Europa ge-

schleppt, machte er sich mit der Musik in Deutschland, Frankreich, Italien und England vertraut; wann immer er einem wichtigen Künstler begegnete, ließ er sich wissensdurstig von ihm inspirieren, verleibte ihn sich ein und verdaute ihn, bevor er einen Mozart machte.«

Jeder Mensch ist im Verlauf seines Lebens auf der Suche nach sich selbst, manchmal mitten in der Meute; doch wenn er sich findet, dann in und nicht außerhalb von sich.

Mozart... Du schienst mir der geheime Schlüssel zu diesen Türen. Obgleich ich mich damals nie getraut hätte, dies zu sagen, war ich doch tief in meinem Inneren davon überzeugt. Mein Schweigen hat Dich nicht daran gehindert, Dein Werk zu vollenden, mich zu befreien und mich zu überzeugen, daß man nur schreibend zum Schriftsteller wird; während meines Studiums, und auch später noch, als Hochschullehrer, war ich auf der Suche nach mir, Stunde um Stunde, Seite um Seite, die Feder gespitzt.

Heute sind meine Studienkameraden Anwälte, hohe Beamte, Botschafter, Minister, keiner hat sich an einem literarischen Werk versucht, auch wenn sie es nicht lassen konnten, Bücher zu veröffentlichen. In Wirklichkeit warst Du es, der ihnen fehlte. Für mich war, ist und bleibt Mozart der Name, mit dem ich der Welt Widerstand leiste.

Mozart oder: Wie wird man man selbst... Du, Du hast gelitten, um Dich zu behaupten. Wenn Dein Vater Dir eine frühe, außergewöhnliche und umfassende musikalische Ausbildung bietet, dann nur, weil er von Dir als künftigem Hofkomponisten mit einem guten Salär träumt. Einem Lakaienposten und nicht dem Ort eines Genies. Er sieht Dich nicht als künftigen Mozart. Wie auch? Bald schon kann er Deinem musikalischen Anspruch nicht mehr folgen, die Qualität, die Du anstrebst, übersteigt seine Vorstellungskraft. Ihr entfremdet Euch. Als er stirbt, bleibst Du nicht nur seiner Beerdigung fern, sondern schreibst *Ein musikalischer Spaß*, ein Pasticcio, das alle nur möglichen Manien eines schlechten Komponisten Deiner Zeit in sich vereint: eine ironische Huldigung an Deinen verstorbenen Vater? Hättest Du so viel geschaffen, wenn Du seinen Erwartungen entsprochen, wenn Du die Tür nicht hinter Dir zugeschlagen, Dich nicht selbst erfunden hättest, als freien, unabhängigen Komponisten, der erste, der selbst für seine Aufträge sorgte, der produzieren mußte, um etwas zu essen zu haben, um sich nach seinem Geschmack zu kleiden, um seine Kinder großzuziehen, seine Frau Constanze zu verwöhnen?

Mozart, die Gesellschaft steckt voller Colloredos... Verzeih mir, daß ich ausgerechnet den Mann erwähne, den Du zweifellos am meisten verabscheut hast, diesen

Fürsterzbischof von Salzburg, diesen Colloredo, der Dich wie einen Lakaien behandelte und Dich eines Tages, Deiner Forderungen überdrüssig, von seinem Oberküchenmeister mit einem Tritt in den Hintern hat davonjagen lassen. Du mußt wissen, nichts hat sich geändert, noch immer haben die Colloredos das Sagen auf dieser Welt, es gibt sie überall! Ein Colloredo ist einer, der Künstlern, die kein Talent haben, aber bei den zuständigen Stellen antichambrieren, Gelder verschafft. Ein Colloredo ist einer, der von nichts eine Ahnung hat und doch weiß, was in der Kunst taugt und was nicht, und regelmäßig mit einer so hochtrabenden wie feierlichen Sprache Schelte oder Lob austeilt. Ein Colloredo ist ein Kritiker, der wie alle Gebildeten ein überholtes Kulturverständnis besitzt und nicht einmal die wahrnimmt, die auf der Höhe ihrer Zeit sind. Ein Colloredo ist ein Krämer, der die Qualität eines Werkes am Geld mißt, das es ihm einbringt. Ein Colloredo ist ein Snob, der meint, ein populäres Werk sei zwangsläufig schlecht. Ein Colloredo ist einer, der weder mit Herz noch Verstand urteilt, sondern sich nach der Meinung seiner Umwelt richtet.

Wenn ich es heute mit einem aufgeblasenen Dummkopf oder einer Beamtenseele zu tun habe, versehe ich ihn mit dem Etikett Colloredo, flüstere »Mozart« und bin wie mit einem Talisman gegen alle Unbill gefeit.

Erst warst Du mein Geheimnis, dann mein Glücks,
bringer; ich hoffe, Du wirst mein Partner.

Ich möchte Dir gleichkommen, dich im Ideal einer
unprätentiösen, zugänglichen Kunst treffen, die bezau,
bert und zugleich verstört. Wie Du glaube ich, daß die
Wissenschaft, das Handwerk, das Erlernte und die Vir,
tuosität hinter einem angenehmen Äußeren zurückste,
hen müssen. Wir müssen vor allem gefallen, ohne jedoch
gefällig zu sein, wir dürfen nicht auf bewährte Mittel
zurückgreifen, nicht den üblichen Gefühlen schmei,
cheln, wir müssen aufbauen und nicht herunterziehen.
Gefallen, das heißt Neugierde wecken, Interesse, Auf,
merksamkeit, Freude bereiten, Gefühle ansprechen, vom
Lachen bis zu Tränen, ergreifen, packen, mitnehmen,
weit weg, in andere Gefilde...

Seit jeher unterteilte sich künstlerisches Schaffen in
hohe und volkstümliche Kunst, sei es in der Literatur, in
der Malerei oder in der Musik. Seit jeher bietet Mozart
die Lösung. Im 18. Jahrhundert herrschte Zwietracht
zwischen der ernsten und der leichten Musik. Die ernste
Musik gehörte mit ihrer geradlinigen, kontrapunktischen
Schrift zur Vergangenheit, jede Stimme wahrte ihre Un,
abhängigkeit und setzte sich durch, indem sie sich mit
den anderen verband, eine Kunst, in der es Bach mit sei,
nen Fugen bis zur höchsten Vollkommenheit brachte.
Die leichte Musik hingegen war eine melodische Musik,

eingängiger, gefälliger, das Orchester begleitete den Gesang und bestimmte den Tanzrhythmus. Du warst Dir der Gefahr bewußt, die beide Richtungen bargen: die Langeweile. Ein durchgängig leichtes Werk langweilt ebenso wie ein durchgängig ernstes Werk. Zwischen diesen beiden unterschiedlichen Welten hast Du die Brücke Deiner Musik gespannt, scheinbar leicht und zutiefst ernst. Durch eine Mischung aus Arbeit und Spontaneität ist es Dir gelungen, die Gegensätze zu vereinen.

Dein Beispiel widerlegt albernes Schwarzweißdenken, das gerne das eine unter Ausschluß des anderen gelten ließe. Die Unvereinbarkeitshuber stehen dumm da vor Dir als zugleich populärer und elitärer Gestalt. Deine Freiheit beruht auf Freude, Deinem alleinigen Meister; der Freude, eine Melodie zu trällern wie die Papagenos, die folkloristisch anmutet; der Freude, Streicher und Chöre in einer großen geistlichen Fuge mitzureißen.

Anders gesagt, man darf die Wichtigkeit der Vorbilder nicht zu ernst nehmen. In der Kunst ist das Genie die Lösung.

Bis bald.

PS: Ich höre voller Demut Deine Haydn gewidmeten Quartette. Der einzige lebende Komponist, den Du bewundert hast, der einzige Deiner Zeitgenossen, der sofort begriff, daß Du ein Gigant warst. Von Anfang bis Ende voller Inspiration, Leidenschaft, Nüchtern- und Unerschrockenheit, läßt Du mich spüren, wie wohltuend es ist, wenn zwei Männer sich bewundern.

9
Streichquartett Nr. 15
d-Moll
KV 421
1. Satz
Allegro

Lieber Mozart,

wenn Mozart eine Messe schreibt, dann für keinen schwerhörigen Gott. Anders als die Romantiker und die Modernen wetteifert er weder mit dem Himmel um Lautstärke noch bringt er, um sich Gehör zu verschaffen, so große Chöre und Orchester zum Einsatz wie die chinesische Armee Soldaten.
   Und die Hörer seiner Messen hält er nicht für taub.
   Warum werden Beethoven, Rossini, Verdi, Mahler und viele andere so laut, kaum kommen sie in eine Kirche? Vergleicht man ihre Werke mit denen von Bach und Mozart, scheint die Anzahl der Dezibel proportional umgekehrt zum Glauben des Urhebers. Die Donnerstimmen wollen uns und vor allen Dingen sich selbst überzeugen. Soll die Lautstärke die Zweifel übertönen?
   Ein gläubiger Mensch spricht leise lächelnd, nur der unsichere Prediger tönt laut von der Kanzel. Du, Mozart, glaubst so selbstverständlich an Gott, wie Du komponierst. Ohne großes Getöse schreibst Du Musik für feierliche Anlässe jeder Art, sei es für die katholische

Kirche oder die Freimaurerloge; dies geschieht auf Anfrage und bisweilen auch spontan, wie im Fall der wunderbaren, unvollendeten Messe in c-Moll, die Du für die Genesung Deiner Frau Constanze schriebst. Eine Stelle daraus läßt mich nicht los: *Et incarnatus est.*

Dieses Lied begleitet mich seit langem.

Als ich nicht an Gott glaubte, habe ich es als reine Musik genossen, eine der schönsten, die ich kenne. Schon damals hat es mich verzaubert.

Jetzt, da ich glaube, ist es zum Gesang meines Glaubens geworden, ein Gesang, der zum Himmel über dieser Erde aufsteigt, die so viele Tränen verursacht, ein glücklicher Gesang, stetig, rein und immer wieder neu, der Flug einer Lerche im Blau. Diese Musik ähnelt einem Quell, führt zu einer Urform der Zärtlichkeit, einer Zärtlichkeit, der alles entspringt, eine tiefe, ausgreifende Liebe, die Zärtlichkeit des Schöpfers.

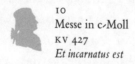

10
Messe in c-Moll
KV 427
Et incarnatus est

Et incarnatus est. Er ist geboren.

Die erste Sängerin, die dieses Lied anstimmte, war Constanze, Deine Frau, die Mutter Deiner Kinder, eine

Menschenmutter, erschöpft und glücklich, die der Anblick ihres Kindes staunen macht.

Als ich noch Atheist war, nahm ich nur diese Dankbarkeit wahr, allein diese Freude zu empfinden war schon viel.

Und nun, da diese Worte leise gesagt sind, *Et incarnatus est,* kann die Musik entstehen. Es werden nicht mehr Worte werden, aber ein Funke löst sich, geht über sein eigenes Feuer hinaus.

Unter einer hauchzarten Begleitung, einem feinen Gespinst aus Flöten und Oboen, wird wiederum die Stimme zum Instrument, zum geschmeidigsten, ausdauerndsten, schönsten. Das reine, klare, leidenschaftliche, trunkene Timbre steigt in endlosem Jubel zum Gewölbe der Kathedrale empor.

Et incarnatus est. Das süße Lied der Anbetung, die Feier des Lebens. Einzigartig. Ein unendliches Frohlocken, die Stimme erfüllt den Raum, verfällt ihrem eigenen Zauber, weidet, berauscht sich daran. Die junge Mutter ist ein wenig trunken, denn was anderes als Trunkenheit sind diese Koloraturen?

Etwas verzögert sich, hängt im Raum ... man weiß nicht mehr, wo die Grenzen der Stimme sind, die sich erhebt, geschmeidig, unendlich durch ihren Bogen; ein beständiges Spiel mit Arabesken, die, sich ineinanderfügend, die Stimme zur Entfaltung bringen, ohne sie je voll auszuschöpfen, geschweige denn in lange expressive Intervalle abgleiten zu lassen. Eine Idee des Absoluten...

Die Verzauberung hält an, und die Verwandlung vollzieht sich. Dies ist keine Stimme mehr, dies sind Schwingen. Dies ist kein menschlicher Atem mehr, sondern ein wohlklingender Kuß, der uns in den Himmel hebt. Dies ist keine Frau mehr, dies sind alle Frauen, Mütter, Schwestern, Ehefrauen, Geliebte. Wörter und Identitäten sind nicht mehr von Belang: Du zelebrierst das Wunder des Seins.

»Warum ist eher etwas da als nichts?« fragen die Philosophen.

»Es ist da!« antwortet die Musik.

Et incarnatus est.

Lieber Mozart,

in Deiner Musik vernehme ich zweierlei Gesang: einen kreatürlichen und einen göttlichen.

Der Gesang der Kreatur ist der Gesang der menschlichen Seele, er richtet sich an den Schöpfer, ihm zu danken oder ihn zu bitten. Flüsternd, psalmodierend, jubilierend: Erbarmen, Hallelujah, *exultavit,* ein irdisches, fleischliches Wort, befrachtet mit starken Gefühlen. Deine geistlichen Werke erfüllen diese Funktion.

Der Gesang Gottes ist die Sichtweise des Schöpfers. Manchmal scheint mir, Du steigst in diese Höhen auf. Höhen, in denen es keine Gefühle mehr gibt, sondern das Jenseits der Gefühle, die alles beherrschende Sichtweise, also Friede...

Dank Deiner konnte ich unserer Welt mehrmals entfliehen und die Nähe Gottes spüren. In Deinem *Andante* aus dem Klavierkonzert Nr. 21.

11
Klavierkonzert Nr. 21
D-Dur
KV 467
2. Satz
Andante

Gott hat mich mit in sein Flugzeug genommen. Wir überfliegen den Erdball. Wir sitzen im Cockpit, wir bewundern die Schöpfung.

Als Chef des Ganzen schlägt er mir den Rundflug vor.

Er selbst macht das jeden Morgen.

Von seinem Sitz aus ist es übrigens immer Morgen. Wo er auch ist, wieviel Uhr es auch sei, von welcher Seite der Kabine aus wir auch schauen, stets erhebt sich der Morgen, ein Lichtstreif zeigt sich am Horizont, das Dunkel verblaßt, der Himmel wird heller, das Sein siegt über das Nichtsein.

Die Siege, die wir miterleben, sind sanft und rosenfarben.

Gott zeigt mir die Wolkenherden, die langsam über dem Planeten weiden, das tiefe und anziehende Blau der Ozeane, die stillstehenden Flüsse, Adern der Kontinente, die winzigen Städte, die verschneiten Gebirgszüge, die weißen und flachen Pole...

Von Zeit zu Zeit kreuzen wir eine Schar Wildgänse,

die uns nicht beachten, oder einen Satelliten, der wie ein Weihnachtsbaum funkelt...

Gottes Flugzeug hat keinen Motor, es ist ein Segelflugzeug mit langen, breiten Flügeln, das sich über der Leere hält.

Gott rührt keinen Finger, er konzentriert sich auf die eine oder andere Richtung, ein kurzer Blick ins Blau, und schon drehen wir bei.

Die Reise dauert so lange wie Deine Musik. Eine Sekunde, eine Ewigkeit. Wir erreichen die kosmischen Gefilde. Dort, wo wir fliegen – Gott, Du und ich –, gibt es keinen Wind mehr, keine Turbulenzen, kein Chaos.

Wie schaffst Du es, eine solche Schwerelosigkeit oder verminderte Schwerkraft zu vermitteln, Du, Mensch einer Zeit, die von diesen Dingen noch nicht viel wußte. Deine Musik hält inne, dicht an der Stille... an den Farben der Stille... vielleicht ist sie das Schlagen des Herzens der Stille...

Der Gesang des Klaviers steigt und fällt wie der Flügel unseres Flugzeugs, gleichmäßig, weich, alles balanciert sich aus... wir schweben.

Das Stück ist zu Ende, ich finde mich auf der Landebahn wieder, den Helm in der Hand, benommen, taumelnd, kann es kaum fassen, daß ich diesen wunderbaren Augenblick erlebt habe, winke dem göttlichen Piloten, der entschwindet, in mir die Erinnerung an einen Zustand inneren Friedens, wie ich ihn vielleicht nur durch intensivste Meditation je wieder erreichen kann.

Deine Musik, für gewöhnlich die Offenbarung der Gefühle, ist diesmal Ausdruck ihrer Auflösung. Friede. Glückseligkeit.

Deine Klangkunst führt in mystische Bereiche. Öffnet uns die Augen für das Unsichtbare.

Das Auge Gottes...

Und wieder frage ich, wie machst Du das? Woher hast Du dieses Wissen?

Lieber Mozart,

kannst Du mir helfen, diese kleine Musik wiederzufinden, die Du mir in meiner Kindheit geschickt hast? Ich suche sie schon so lange...

Es handelt sich um ein sanftes Lied, das mich glücklich machte, ein Lied, das man zweistimmig trällerte, eine klare, maßvolle Melodie, die mir Frieden brachte.

Einmal pro Woche ging unser Klassenlehrer feierlichen Schritts zu dem riesigen braunen Radioapparat, einem gewaltigen autokofferraumgroßen Kasten, der auf einem Regal thronte, ein wuchtiger Apparat, der während des Krieges BBC ausgestrahlt haben dürfte. Wenn er an dem handgroßen runden Knopf drehte, leuchtete ein schwaches Licht auf. Das Klangtier erwachte, spuckte, erbost über die Störung, geräuschvoll aus, schüttelte, räusperte sich, knurrte, quietschte, fauchte, drohte vor Wut zu explodieren, beruhigte sich schließlich und übertrug uns *Das Musikprogramm*. Damals stellten sich Freitagnachmittag Punkt drei alle französischen Schulkinder kerzengerade mit hinter dem Rücken verschränkten Armen neben ihr Pult, um mit offenem Mund andächtig der Unterrichtsstunde zu folgen, die das nationale Rundfunkprogramm ausstrahlte. Getreu der französischen Tradition, nach der jeder Intellektuelle ein Musikbanause zu sein hat, beschränkten sich unsere Lehrer darauf, uns währenddessen stumm im Auge zu behalten, mit strenger Braue für Disziplin zu sorgen und hin und wieder ein Lineal zu schwingen, als dirigierten sie einen Chor.

Inmitten eines Quodlibets aus Abzählreimen, der Nationalhymne und alten Volksliedern, die Quellen, Brunnen und Vögel priesen, erklang eine Arie von Dir, die ich über alles lieben lernen sollte. Zweifellos Deine erste an mich adressierte Nachricht... Sie schwellte mir die Brust vor Freude, ich stimmte sie jedes Mal wie im Rausch an, selbst die dürftigsten Stimmen meiner Mitschüler taten ihrer Schönheit keinen Abbruch. Diejenigen, die nicht mithalten konnten und ihre Mühe mit Rhythmus und Intonation hatten, zogen es vor, den Mund nach Goldfischart stumm auf- und zuzumachen. Ich weiß noch, wie stolz ich war, als der Lehrer der Klasse einmal befahl zu schweigen, und nur zwei Schüler, nämlich Isabelle und mich, Dein Lied anstimmen ließ.

Wir legten unser ganzes Herz in unsere Stimmen. Mir war an diesem Tag, als trügen mich die Schwingen der Musik dahin, der Lehrer hatte am Ende feuchte Augen.

Kannst Du mir nicht sagen, was die beiden siebenjährigen Kinder mit solcher Inbrunst sangen?

Ich erinnere mich noch an die ersten Noten und Wörter:

»O Tamino, mein Herz ruft dich«...

Wer ist dieser Tamino?

Und wer ruft ihn?

Was hast Du uns sagen lassen, daß wir so ergriffen waren?

Lieber Mozart,

als ich *Die Zauberflöte* hörte, habe ich endlich das Lied meiner Kindheit wiedergefunden. Danke, daß Du mir geantwortet hast.

Was für ein wunderbarer Einfall von Dir: ein Liebesduett zu schreiben, das kein Duett eines Liebespaares ist! Der Mann und die Frau, die hier zusammen singen, sind nicht füreinander bestimmt, jeder bekundet sein Trachten nach Liebe, und doch wendet sich jeder bald einem anderen zu. Pamina bietet sich Tamino an, Papageno Papagena. Dennoch vereinen Pamina und Papageno ihre Stimmen zum Preislied der Liebe.

12
Die Zauberflöte
KV 620
Akt I
Duett
Pamina und Papageno
Bei Männern, welche Liebe fühlen

Gibt es dergleichen in einer anderen Oper? Ich glaube nicht... Ein Kater und eine Katze, die außerhalb der Paarungszeit schnurren... Ein Sängerpaar, das kein Interesse aneinander hat, ein Duo ohne Krallen, ohne Fauchen, ohne Liebkosungen, ein Duo, das nicht an der Vereinigung interessiert ist, ein Duo, das weder ein Vor- noch ein Nachspiel zum Austausch der Körpersäfte ist ... Vielmehr ein universelles Liebesduo als Ausdruck kleiner egoistischer, selbstbezogener Vereinbarungen...

Etwas Reines, fast Engelsgleiches... Die Liebe, gefeiert als geheiligter Wert. Opfergabe.

Genau deshalb konnten ihr auch zwei Kinder das Loblied mit solcher Inbrunst singen! Der Mann rühmt die Liebe, die Frau ebenfalls, dennoch erwartet keiner etwas von seinem Partner. Keine Strategie! Pfoten weg! Die Liebe, kein Trieb! Kinder verstehen und empfinden diese Liebe, wohingegen wir Erwachsene sie vergessen und uns unseren plumpen Verrenkungen hingeben, manchmal lustvoll, doch nie von Dauer...

Hier aber überdauert die Sinnlichkeit, im rhythmischen Pulsieren, ihrer Ausgeglichenheit, und dieser Höhenflug, wenn die geschmeidige Koloratur ihre ganze Freude entfaltet und zum Himmel schickt... dann aber stellt sich Achtung ein. Diese Melodie hat etwas Andächtiges, Schamvolles, etwas Ehrfürchtiges gegenüber dem Gefeierten, nichts Hysterisches, nicht Exaltiertes.

Etwas Ehrbares. Das ist die Liebe, von der Du sprichst, die Liebe, wie ich sie sehe, eine Liebe, in der man weder Opfer noch Beute ist, eine Liebe, die man von ganzem Herzen will. Eine Liebe, die über den Trieb hinausgeht, die Sexualität, die Anziehungskraft der Körper.

Ein offener Weg, den man frei wählt, am hellichten Tag.

Die Liebe, die über unsere Liebschaften siegt...

Lieber Mozart,

die Kindheit ist ein Land, das man durchquert, ohne es zu merken. Wenn man, an seinen Grenzen angelangt, zurückblickt, sieht man es, aber dann ist es bereits zu spät.

Man nimmt die Kindheit erst wahr, wenn sie unwiederbringlich hinter einem liegt.

Ich dachte lange Zeit, die einzige Möglichkeit, sie wieder lebendig werden zu lassen, sei das Gedächtnis. Dank Willensstärke und Wahrnehmungskraft gelingt es gelegentlich, sie in Bruchstücken zurückzuholen.

Doch es gibt noch einen Weg, nicht unterirdisch und weniger dunkel, der zurückführt in diese ferne Landschaft: die Kunst.

Du hast ihn mir entdeckt, diesen neuen Weg, indem Du mich die *Zauberflöte* hast hören lassen. Eines daran hat mich verwundert: Die kindlichste Deiner Opern, voller Ungeheuer, Fallen, tanzender Tiere, Palmenattrappen und Zauberinstrumente, ist Deine letzte Oper. Mit elf Jahren hast Du weit ernstere, erwachsenere, gewichtigere, weniger kurzweilige Dramen komponiert.

Das Kindlich-Spielerische kommt erst mit vorgerücktem Alter.

Auch ich mußte erst die Dreißig überschreiten, ehe ich Geschichten verfassen konnte, deren Protagonisten Kinder sind...

Wie kommt das?

Zweifellos bedarf es einiges an Meisterschaft und Fülle, um den Mut zur Einfachheit aufzubringen. Man muß aufhören, den Dummköpfen imponieren zu wollen, den Besserwissern, den Pseudo-Gebildeten, kurz, all denen, die sich zu Richtern aufspielen und Talent nur sehen, wenn es gepaart ist mit Manieriertheit, die Intelligenz nur registrieren, wenn sich etwas ihrem Verständnis entzieht, und Genialität nur ausmachen, wenn sie etwas uneingestanden langweilt. Eine Kunst, die den Anspruch der Allwissenheit hat, die jeden Augenblick ihre Originalität und ihre kulturellen Ambitionen hervorkehrt, eine prätentiöse Kunst, gewinnt leicht die Gunst von Geistern, die sich für ernsthaft halten. Wohingegen Gefahr läuft, die Mißbilligung der Kritiker auf sich zu ziehen, wer wagt, fast nackt und nur bewaffnet mit Anmut und einem Lächeln, auf sie zuzugehen.

Es bedarf einiger Anstrengung und Bescheidenheit, um zu einer klaren, schnörkellosen Kunst zu gelangen.

Fleiß und Begabung allein reichen nicht aus.

Wenn die Kindheit unwiederbringlich entschwunden ist, kommt manchmal bei den Empfindsamen von uns, um die Vierzig herum, das Kindlich-Spielerische zum Ausdruck.

Etwas, das ein Wunderkind nicht kennt. Wunderkinder sind unerträglich, nicht aufgrund ihrer Begabung, sondern weil sie keine Kinder sind. Sie konkurrieren mit den Erwachsenen, ahmen sie nach, eifern ihnen nach; und übertreffen sie sie, stellen sie auch noch bloß. Sie drücken nicht ihre eigene Welt aus, sondern drücken sich in unserer aus. Und präsentiert man mir die Leistungen dieser frühreifen Virtuosen, beschleicht mich unwillkürlich das Gefühl, es eher mit Zwergen als mit Kindern zu tun zu haben. Trotz der offenkundigen Fähigkeiten dieser zu klein geratenen Erwachsenen wittere ich den Schwindel. Sosehr man sie auch bewundern mag, Bonsai-Ausstellungen machen einen immer ein wenig betreten, es tut einem leid um die Bäumchen, ihre zurechtgestutzten Wurzeln, ihre verdrehten Äste, ihren betrogenen Durst, die vergewaltigte Natur wird spürbar, der fehlende Respekt vor ihrer Entfaltung, man empfindet Groll gegenüber dem Ästheten und Peiniger, der einen Schwächeren bezwungen hat...

Übrigens haben bei Dir, der Du ebenfalls ein Wunderkind warst, selbst Deine Kindheitswerke nichts

Kindliches. Nichts Unbeholfenes. Hört man sie aufmerksam, vermeint man solide Kompositionen Deiner erwachsenen Zeitgenossen zu hören, die Deines Vaters zum Beispiel. Von einigen wenigen Ausnahmen abgesehen, bieten sie nichts Überraschendes; das Überraschende an ihnen ist vielmehr, daß Du sie in diesem zarten Alter verfaßt hast. Während der ersten zwanzig Jahre Deines Lebens beweist Du großes Wissen. Ein Zeichen für fehlende Jugend. Die Einfachheit kommt später. Und die Kindheit zum Schluß.

Im Grunde bist Du der Beweis dafür, daß man selbst als Wunderknabe unbeschadet aus seiner Kindheit hervorgehen kann. Und daß Talent, technisches Geschick und Virtuosität kein Hindernis dafür sein müssen, daß sich Inspiration und Genie eines Tages nicht doch behaupten.

In der *Zauberflöte* und anderen Werken ist dieses Spielerisch-Kindliche hervorgetreten.

Was ist das?

Um es erfassen zu können, muß man dieses Grenzland kennen, in dem Liebe die Menschen eint, ein an Milde, Zärtlichkeit und mütterlichen Melodien reiches Universum, reich an Armen, in denen man einschlummert. Unter dem Himmel dieses Landes wacht man ebenso glücklich auf, wie man sich zu Bett legt, man gibt sich mit Leidenschaft dem Spiel hin, man verschreibt sich allem, was man tut, jeder Augenblick wird auf der Stelle ausgekostet, bis zum letzten. Das alles bestimmende Gefühl dieses freundlichen Ortes ist das Vertrauen. Keiner zweifelt an der Liebe des anderen. Keiner zweifelt am Sinn all dessen, was geschieht. Keiner bezweifelt, daß es auf jede Frage eine Antwort gibt. Erlernt man etwas, dann nicht zwecks späteren Broterwerbs oder um nicht Not zu leiden, sondern an erster Stelle, um seinen Eltern Freude zu bereiten. Und straft eine Hand, so liebkost sie uns wenig später oder steckt uns ein Zuckerbrot zu. Doch auch diese Kindheit bleibt nicht verschont von ganz erheblichen Schrecknissen, von Angst vor Grausamkeit und Aufbegehren gegen Unrecht, nichtsdestoweniger ist sie beseelt von einem starken, lichten Glauben.

Die Kindheit ist eine Metaphysik, die Überzeugung nämlich, daß es eine Ordnung gibt, einen Sinn, ein Wohlwollen über unseren Köpfen, diese bewunderten und gefürchteten Erwachsenen mit ihren vielen Geheimnissen. Die Welt scheint eher geheimnisvoll als widersinnig. Sie mag riesig sein, tiefgründig, unerforscht, bisweilen rätselhaft, doch nie leer und in ihren Grundfesten erschüttert... Wenn mir etwas an ihr entgeht, dann nicht weil sie grenzenlos ist, sondern weil mir, dem Kind, Grenzen gesetzt sind. Doch bleibt mir immer noch die Möglichkeit, einen Vater zu fragen, einen Lehrer, einen Meister, einen weisen und allwissenden Sarastro. Das allerdings hebe ich mir für später auf ... Ich lebe hier und jetzt und habe Zeit noch und noch ...

Gibt es ein gescheiteres Alter als das Alter, in dem man lernt und staunt? Ein betriebsameres als das, in dem man sein Brot noch nicht verdient? Dennoch bleibt das Kind demütig, ist überzeugt von seiner Unterlegenheit ... Es weiß, daß es schwach ist – deshalb träumt es sich auch so häufig als Helden –, es weiß, daß es nichts weiß, es braucht andere, die es bereit ist zu lieben und von denen es spontan Gegenliebe erwarten kann.

Das Kind glaubt an eine Macht, die die Menschen noch nicht gedemütigt haben, die Macht der Wörter, die Macht der Fabeln, die Macht der Musik. Die ersten Lügen werden ihm das Vertrauen in die Wörter nehmen, die ersten für falsch erklärten Fabeln werden es mißtrauisch machen, und nach und nach wird Lärm die Musik überdecken.

Du, Mozart, glaubst wenige Monate vor Deinem Tod noch immer an all dies. Es sei denn, Du glaubst nicht mehr ...

In Deiner *Zauberflöte* erzählst Du von nichts anderem, von der Macht der Musik über die Dämonen, einer heilbringenden, befriedenden, revolutionären Macht.

13
Die Zauberflöte
KV 620
Akt 1
Finale
Komm, du schönes Glockenspiel

Oder sagen wir, Du erzählst nicht nur, sondern verleihst dem allen auch Ausdruck.

Wie findet man seine Kindheit in der Musik wieder? Durch die Sparsamkeit der Mittel. Es bedarf weniger Dinge, um ein Kind zu beschäftigen, eines Stifts, eines Blattes Papier, einer Socke, die als Puppe dient. Und so machst Du das Orchester leicht und luftig, farbig und klangvoll, mit Hilfe eines kräftigen Strichs und einer klaren Zeichnung von Phrasen, so daß die Musik dem Körper eines schmächtigen Kindes gleicht, einem zarten, geschmeidigen, wenn auch nicht athletischen Körper. Einem leichten Körper also.

Eine Melodie zu erarbeiten, die einfach, aber nicht simpel ist, eingängig, aber nicht derb, erfordert viel Talent, Arbeit und Geschmack. Die Crux bei der Sache ist, daß man dazu ein vorgerücktes Alter braucht. Du, Du bist bereits mit fünfunddreißig soweit. In Deiner Zauberflöte gelingt es Dir beinahe, die Musik der Stille anzunähern, denn Du weißt, Nachdenklichkeit und Staunen – diese Gaben unserer frühen Jahre – empfindet man nur fern allen Lärms.

Lieber Mozart,

wußtest Du, daß Du alte Musik geschrieben hast? Nein? Dann sei versichert, daß es heute Leute gibt, die es besser zu wissen glauben als Du seinerzeit. Bevor sich Deine Interpreten ans Werk machen, suchen sie nach altersschwachen Instrumenten, abgespielten Saiten und vorsintflutlichen Hammerklavieren mit Unterwassersound; und das Dir, einem Mann, der seiner Zeit voraus war und ein offenes Ohr für moderne Instrumente hatte. Manche gehen sogar so weit und greifen zu Kostümen aus dem 18. Jahrhundert, zu Puder und Perücke, wenn sie nicht gar getreu den Sitten Deiner Zeit hinter die Salonvorhänge pinkeln.

Kürzlich habe ich einem dieser Herren vorgeschlagen, sich ein paar Zähne ausreißen zu lassen, um historisch vollends authentisch zu wirken.

Lieber Mozart,

manchmal antwortet die Musik auf Fragen, die man nicht einmal gestellt hat.

Das habe ich mit fünfzehn so empfunden, als Du meinen Selbstmord verhindert hast. Und ich empfinde es noch immer, Tag für Tag, wenn es mich nach ein paar Takten verlangt, einer singenden Stimme oder ich einfach eine Stunde Klavier spielen muß. Wie ein Schwamm sauge ich mich voll mit Musik, und gleich geht es mir besser.

Doch weshalb ging es mir nicht gut?

Die Musik ist wie Balsam für die Fragen, die uns umtreiben: Was haben wir auf der Erde verloren, wir, mit diesem anfälligen Körper und diesem begrenzten Verstand? Beschwichtigend und ganz dem Sein verschrieben, entreißt sie uns den Versuchungen des Nichts und weist uns den Weg zurück ins Leben. Religionen, ob weltlicher oder geistlicher Art, wissen darum nur allzu gut und bedienen sich daher bei ihren Riten stets der Musik.

Musikalische und mystische Erfahrung sind eng miteinander verbunden.

Da ich beide kenne, möchte und muß ich diese geheime Verwandtschaft näher erklären.

Irgendwann erreicht man einen Punkt, an dem das Fragen aufhört. Als ich einmal tief in der Sahara unter dem nächtlichen Sternenhimmel die Nähe Gottes zu spüren glaubte, verstummten diese Fragen, die Spannung fiel von mir ab und gab einem tiefen inneren Frieden Raum. Das Sein hatte über das Nichts gesiegt, die Gegenwärtigkeit über das Abwesende, der Laut über das Verstummen. Wie wenn ich Dir zuhöre.

Ob mystische oder musikalische Erfahrung, in jedem Fall handelt es sich um einen Augenblick, in dem die Zeit stillsteht. Um etwas so Intensives, daß es nicht in den üblichen Sekunden, Minuten oder Stunden zu messen ist. Ein losgelöster ekstatischer Zustand mit seiner eigenen Gesetzmäßigkeit.

Auch wenn der Verstand schweigt, hat das Ganze seine Bedeutung. Ja. Eine andere Ordnung wird spürbar, eine Ordnung, die an die Stelle der erlernten tritt, eine neue, untergründige Logik, zweifellos die der Gefühle.

Lieber Mozart,

ich habe immer nur Mozart-Katzen gehabt. Mein derzeitiger Kater heißt Léonard. Er hat es sich gerade auf meinem Schreibtisch bequem gemacht, liegt auf den Blättern, blinzelt, weiß nicht recht, ob er schlafen oder Unfug treiben soll, und hat doch immer wieder ein müdes Auge auf meinen Federhalter. Von Zeit zu Zeit, wenn die Feder mit ihrem Kratzgeräusch in seine Nähe kommt, ballt er die Pfote zu einem samtweichen Fäustling, schlägt zu wie bei einer Maus und bringt sie zum Schweigen. Irgendwie werde ich den Eindruck nicht los, daß sich das kleine Katzentier redlich müht, mich bei der Arbeit zu stören, aus reiner Nächstenliebe schüttelt es immer wieder die es übermannende Müdigkeit ab, wie zum Zeichen, daß es mich nicht vergißt. In Wirklichkeit schlummert sein Körper bereits vor sich hin, bietet den Bauch den warmen Strahlen des Tages dar, die Beine strecken sich in Erwartung baldigen Wohlbefindens, die Lider schließen sich. Endlich. Léonard träumt.

Katzen sind Deine Schüler. Anmutige Wesen, denen jedes Ungeschick fernliegt, ihre Bewegungen sind knapp, genau, sparsam und wenn nötig schnell, dann wieder werden sie zu Träumern, zeigen sich bald lebhaft, bald reglos, wechseln vom Allegro ins Adagio, weich, entspannt und stets souverän. Während Hunde sich verausgaben, ermüden, zur nächstbesten Pfütze rennen, um ihren Durst zu löschen, oder sich gierig auf ihren Napf stürzen, vermitteln die Katzen stets einen Eindruck von Leichtigkeit, nie von Anstrengung, und geben sich, obgleich ihr Körper ebenfalls Bedürfnissen und Grenzen unterworfen ist, keinerlei Blöße; sie scheinen sich nur zu ihrem Vergnügen zu bewegen und uns zur Augenweide.

Im Konservatorium bleiben die Hunde stets Dilettanten, wohingegen es die Katzen zur Meisterschaft bringen. Beim Hund setzt der Wille einen schweren Körper in Bewegung, unter eindeutiger Zielvorgabe. Bei der Katze verbirgt die Kunst die Kunst und die Arbeit die Arbeit, die Eleganz kommt so natürlich daher, daß man sie für selbstverständlich nimmt. Ja, in diesen irdischen Niederungen haben nur die Katzen ihre Lehre aus Deinem kurzen Intermezzo bei uns zu ziehen verstanden, einzig die Katzen kommen Dir gleich.

Weißt Du übrigens, daß es nicht leicht ist, auf Deine Musik zu tanzen? Nur selten haben mich Ballette, die sich auf Deine Werke stützen, überzeugt, selbst wenn begabte Choreographen sie in Szene setzten.

Was hat das mit Katzen zu tun? wirst Du fragen. Nun, die Anmut... die eines noch so erfahrenen Künstlers hat neben der Deinen immer etwas Unbeholfenes, etwas Einstudiertes. Deine Musik fließt, aber dann sind da die großen Füße, das steife, nur am Knie gelenke Bein, der kaum biegsame Rücken, die Schwerfälligkeit der Bewegungen, das laute Aufkommen des Körpers auf dem Boden, der Schweiß auf der Haut, dem Kostüm, dem Gesicht, wo er die Schminke ruiniert, als wolle er beweisen, daß aller Schein nur begrenzt Bestand hat. Im Tanz überwältigt die Materie den Geist, nicht aber in Deiner Musik. Dein Herz schlägt unaufgeregt, ohne sich zu ermüden und abzunutzen, ist einem anderen Rhythmus unterworfen als unsere Herzen aus Fleisch und Blut.

Gestern abend, in der Oper, sah ich ein auf Deinen Werken basierendes Ballett, und ich dachte, Du spielst mir einen Streich. Die Musik aus dem Orchestergraben verstand ich, doch schien mir das Ballett auf der Bühne nicht im geringsten damit zu tun zu haben. Die sonst so feingliedrigen, eleganten Tänzer ließen plötzlich ihre Muskeln spielen wie die Konkurrenten eines Bodybuilding-Wettbewerbs; und die Ballerinen hätte man für eine Mannschaft türkischer Ringer halten können; das

Trikot um ein Ballettröckchen bereichert, ergingen sie sich in einer Abfolge von Grimassen und Affektiertheiten, von ihrer für gewöhnlich göttlichen, zu einem Gewichtheber auf Fußspitzen mutierten Primaballerina in die Schlacht geführt. Mein lieber Mozart, die luftige Leichtigkeit Deiner Noten hatte die Epheben schwerfällig gemacht, die Sylphiden dicker und das Spektakel zu einem Gemetzel.

Um Deine Musik zu tanzen, hätte es einer Katzentruppe bedurft. Aber diese stolzen unlenksamen Tiere hätten erst gar nicht mit sich proben lassen.

Doch in genau diesem Augenblick führt Léonard ein Solo auf eines Deiner langen Sätze aus: Er schläft. Tief, sanft und kugelrund. Ist vollkommen.

Und gleich, wenn seine Lider sich über den pistaziengrünen Goldaugen öffnen, wird er spielbereit auf den Boden springen und sich das Allegro vivace vornehmen...

Lieber Mozart,

ich habe Dir nicht oft geschrieben in den letzten Monaten. Es ging mir nicht gut. Noch heute bin ich abgrundtief müde.

Doch will ich Dir nicht mehr als den anderen über die Krankheiten sagen, die mir zusetzen und mir die Nächte so schwer wie die Tage machen; ich habe noch nie gern über körperliche Befindlichkeiten gesprochen. Kurz, mir war oft übel, ich war angeschlagen, antriebsschwach und angstbesetzt; und noch immer habe ich gelegentlich Mühe, einen Fuß vor den anderen zu setzen, und bleibe kraftlos auf einer Treppenstufe stehen, unfähig, hoch in mein Zimmer zu gehen.

Du warst mir eine große Hilfe.

Und mit Deinem Licht, Deiner Freude und Deiner Energie zuverlässiger als die Sonne vor meinem Fenster.

Danke.

Lieber Mozart,

Du sprichst von der Welt, aus der ich komme.

Einer Welt noch vor der Sprache, einer Welt der Triebe und Gefühle, etwas, das sich hinter den Worten verbirgt. Du läßt mich die Gefühlspartitur des Daseins hören.

Wir armen Schriftsteller sind gezwungen, dieses Pochen in Worte, in Sätze zu fassen. Wenn wir einzutauchen vermögen, dann nur außerhalb des Wassers. Manche Geheimnisse lassen sich eben nicht mir Wörtern ergründen.

Dank Deiner finde ich über einige Noten mühelos in diese Welt zurück.

Lieber Mozart,

warum habe ich so lange gebraucht, um zu merken, daß Du mir eine Oper gewidmet hast? Ja, Du hast unsere Geschichte verewigt, Deine und meine...
 Ich mußte vierzig werden, um festzustellen, daß Du während Deines letzten Erdenjahres ein Bühnenwerk komponiert hattest, das davon erzählt, wie die Musik das Leben eines todessehnsüchtigen Fünfzehnjährigen zu ändern vermag: *Die Zauberflöte.*
 Tamino, ihr Held, ist in Lebensgefahr, ein fürchterliches Ungeheuer, ein Lindwurm, ist ihm auf den Fersen. Die Ohnmacht, in die er fällt, ist sie tiefe Bewußtlosigkeit oder Depression? Er wacht auf, und vor ihm stehen drei göttlich singende Damen, die ihm eine Zauberflöte anvertrauen, damit er sich im Dunkel des Waldes zurechtfindet.
 Welche Eigenschaften besitzt diese Zauberflöte?

14
Die Zauberflöte
KV 620
Akt 1
Ausschnitt aus dem Quintett
Tamino, Papageno und die drei Damen

O Prinz, nimm dies Geschenk von mir!
Dies sendet unsre Fürstin dir.
Die Zauberflöte wird dich schützen,
Im größten Unglück unterstützen.
Hiermit kannst du allmächtig handeln,
Der Menschen Leidenschaft verwandeln,
Der Traurige wird freudig sein,
Den Hagestolz nimmt Liebe ein.
O so eine Flöte ist mehr als Gold und Kronen
   wert,
Denn durch sie wird Menschenglück und
   Zufriedenheit vermehrt.

Die Macht der Musik...

Sie ist, wie Du sagst, in der Lage, uns aus den Klauen der Verzweiflung in die Arme der Freude zu führen.

Ich ginge zu gern zurück in der Zeit, würde zu gern begreifen, wie die Selbstmordgedanken des Jungen, der ich war, buchstäblich von einer Minute zur anderen einer genüßlichen Leidenschaft weichen konnten... Damals glaubte ich, die Welt sei im Sterben begriffen, wo doch ich auf dieser Welt am Sterben war, indem ich das Interesse an ihr verlor, mich von ihren Düften und Reizen lossagte.

Mit fünfzehn Jahren verlangte es mich nach dem Absoluten.

Ich, für mich, hatte nur das absolute Nichts entdeckt. Du aber hast mir das Absolute des Schönen gezeigt. Man könnte auch sagen, Du hast meinem Idealismus einen neuen Weg gewiesen, nämlich den vom Nichts zum Sein.

Dieser Hang zum Absoluten, was ist das? Das Verlangen, bis zum Äußersten zu gehen, die Sehnsucht nach Vollkommenheit und Vollständigkeit. Dieses Trachten nach dem Vollkommenen ist eng mit dem Tod verbunden, denn ein Extremist wird im Nichts die absolute Vollkommenheit finden, die alles verneinende.

Du hast mich geheilt, indem Du mir einen anderen Weg gewiesen hast. Und hast mich dennoch nicht von meinem Hang zum Absoluten abgebracht.

Das eine Übel hätte das andere ersetzen können, wie eine Behandlung, deren Nebenwirkungen sich langfristig als ebenso teuflisch erweisen wie die Krankheit selbst. Ich hätte mich in Deine Musik einschließen, nur von Noten, Rhythmen, Klangfarben und Akkorden träumen, mein Dasein unerreichbar abschotten, mich hinter dem Ästhetizismus verschanzen können. Aber Du hast mich anderes gelehrt: Du schreibst Musik nicht um der Musik willen; Deine Musik erzählt von uns Menschen, von unseren Eigenschaften und Eigenarten, unseren Widersprüchen, Spannungen, unserem Feuer und unseren Werten.

Deine Musik ist nicht nur Musik, sie ist ein Stück Humanität.

15
Die Zauberflöte
KV 620
Akt II
Ausschnitt aus dem Finale
Pamina und Tamino
Wir wandelten durch Feuergluten

Nun komm und spiel die Flöte an!
Sie leite uns auf grauser Bahn.
Wir wandeln durch des Tones Macht
Froh durch des Todes düstre Nacht.

Dich zu hören ist eine Wohltat: Das Leben ist zwar nach wie vor von Tod umgeben, aber man vergißt ihn.

Lieber Mozart,

hatten wir Angst, auf die Welt zu kommen? Ich habe keinerlei Erinnerung.

Heute morgen habe ich mich gefragt, was ein Kind wohl dächte, wenn es vom Mutterleib aus das Schauspiel des Lebens betrachtete, das es draußen erwartet. Würde es sich zutiefst erschrecken? Oder wäre es versucht vom Glanz der Welt?

Glücklicherweise kommt ein Kind in der sicheren Wärme des mütterlichen Schoßes gar nicht erst auf derlei Gedanken.

Halten wir es also in diesem Leben wie das Kind im Mutterleib und ängstigen uns so wenig vor dem Tod wie das Kind vor dem Leben.

Lieber Mozart,

lange Zeit nahm mich Dein vorzeitiges Hinscheiden gegen Gott ein. Jedem, der mit dem Brustton der Überzeugung beteuerte: »Mozarts Musik läßt mich an Gott glauben«, dem entgegnete ich: »Mozarts früher Tod hindert mich, an Gott zu glauben.« Fünfunddreißig Jahre ... Du hattest noch so viel vor Dir. Ist es nicht eine himmelschreiende Ungerechtigkeit, daß ein Genie wie Du jung sterben muß, während so viele Idioten uralt werden? Wenn Gott existiert und sich für die Menschen interessiert, wie kann er da Mozart untergehen und Hitler aufsteigen lassen?

Irgendwann habe ich begriffen, daß derlei Vorwürfe nichts bringen. Man darf Gott nicht für organische Vorgänge verantwortlich machen, sie haben ihre eigenen Gesetze, sind dem Zufall unterworfen. Aus der Sicht Gottes ist uns mit der Geburt zugleich der Tod gegeben: Dieses Los teilen wir alle. Ein Leben ist zwangsläufig etwas Unvollendetes. Auch Dein *Requiem* bleibt unvollendet.

Es verklingt in der Stille, der einzige Schlußakkord, den Du, Mozart, nicht schreiben konntest und wolltest.

Requiem oder Präludium der Stille... Keiner hört die Messe, die man an seiner Beerdigung spielt. Nicht einmal Du.

Ich weiß nicht, ob ich Dein *Requiem* liebe... Liegt es daran, daß es nicht aus einem Guß ist, daß es einer Deiner Schüler auf Geheiß Deiner Witwe vollendet hat? Liegt es an seiner düsteren, schwärzlichen Farbgebung, die auf Deine völlige Erschöpfung schließen läßt? Ich weiß es nicht. Aus der Tatsache, daß ich es mir Dutzende Male hingebungsvoll und zugleich kritisch angehört habe, schließe ich vor allem, daß ich nicht gewillt bin, mich mit Deinem Verschwinden abzufinden.

Ein während Deiner letzten Stunden von Dir verfaßter Brief entspricht Dir mehr als üblicherweise Deine Musik. »Ich bin im Begriff zu sterben. Ich ende, noch ehe ich mich meines Talents habe erfreuen können. Das Leben war dennoch schön, meine Karriere begann unter so glücklichen Vorzeichen, doch läßt sich das eigene Schicksal nicht ändern. Niemand vermag seine Tage zu bemessen, und so heißt es denn, sich abzufinden, solches wird der Vorsehung gefallen.«

Du verläßt diese Welt am 5. Dezember 1791. Seither bist Du uns geblieben.

Ein Genie ist etwas zu Umfassendes, als daß seine

Zeitgenossen es voll und ganz begreifen könnten, sie nehmen so Augenscheinliches wahr wie Talent, Bandbreite oder Virtuosität. Es brauchte über zwei Jahrhunderte, um Dein Genie zu ermessen. Du, der kleine, stets eilige Mann, immer bemüht um unmittelbare Anerkennung, mußtest lange warten, bis die Menschheit zur Kenntnis nahm, daß Du ein Gigant warst.

Lieber Mozart,

es gibt keine Musikgeschichte, aber eine Musikgeographie. Eine vielfarbige Weltkarte verzeichnet mehrere Kontinente, den Kontinent Bach, den Kontinent Mozart, den Kontinent Beethoven, den Kontinent Wagner, den Kontinent Debussy, den Kontinent Strawinsky... Hier und da trennen sie tiefblaue wuchtige Ozeane, dann wieder kennzeichnet nur eine schmale Meerenge die Grenze, wie zwischen Debussy und Strawinsky; seltener noch überlappen sich die Kontinente aufgrund ihrer geologischen Beschaffenheit, und so haben Mozart und Beethoven einen Fluß als gemeinsame Grenze.

Unweit dieser Kontinentalmassen zeichnen sich einige mehr oder weniger bedeutende Inseln ab, z. B. die Insel Vivaldi oder in der Nähe von Bach die Halbinsel Händel, und in der von Beethoven der Archipel Schumann oder das Atoll Chopin. Von Zeit zu Zeit muß die Karte, bedingt durch die eine oder andere Springflut, neu gezeichnet werden, wobei nur selten Gebiete verschwinden und meist neue hinzukommen.

Wenn es eine Geographie der Musik gibt, dann weil wir Reisende geworden sind. Unsere vielen musikalischen Ausflüge haben auf dem Weg durch die Jahrhunderte nichts Touristisches, nichts Lineares und nichts Ermüdendes an sich; sie gleichen vielmehr Erkundungen, sind offen für alles Unvorhergesehene und Unvorhersehbare, sind spontane Sprünge mit dem Fallschirm. Ein Tag bei Mozart, den nächsten bei Debussy... diesen kostbaren Traum, zu allem Zugang zu haben, erlaubt uns die moderne Technik.

Man entdeckt oder liebt Komponisten nicht in ihrer zeitlichen Abfolge. Und wenn ich mich wohl bei Dir fühle, Mozart, dann bedeutet das nicht, daß ich Sehnsucht nach Deiner Zeit hätte oder einen besonderen Sinn für jene Epoche, denn eine Stunde später, nach einer kurzen Stippvisite bei Ravel, verweile ich bereits bei Messiaen.

Dies widerlegt nur allzu deutlich die absurde Vorstellung, es gäbe so etwas wie Fortschritt in der Musik, als hätte Schönberg etwas, das Bach nicht hat... Auf dem Planeten Deiner Musik gibt es nur eines: Welten...

Lieber Mozart,

Du bist mit fünfunddreißig Jahren gestorben.
 Ich bin heute fünfundvierzig. Habe Dich also bereits überlebt. Wozu?
 Ich dringe vor in Lebensalter, die Dir verwehrt waren. Werde ich deshalb etwas entdecken, das Du nicht schon gewußt hast? Ich habe meine Zweifel, werde Dir aber Bescheid geben, wenn es eines Tages soweit ist.
 Bist Du glücklich gewesen? Es fehlte Dir an Geld, an Aufträgen und an Sicherheit, heute hingegen kämst Du in den Genuß der Urheberrechte und könntest ganz Österreich aufkaufen. Dein Leben war geprägt von ebenso häufigem wie dauerhaftem Mißgeschick. Als Kind hat man Dich mit Ruhm überschüttet, als Erwachsener hat man Dir die Anerkennung versagt. Es fehlte Dir an Zeit, Deine Vaterrolle auszufüllen, nur zwei Deiner Kinder erreichten das Erwachsenenalter, zwei Jungen, die kinderlos starben.
 Was machen wir auf Erden? Und vor allem, was hinterlassen wir dort?

Du hast keine Nachkommen, Mozart. Dein Ruhm überlebt nicht im Fleisch, sondern in der Kunst.

Ob Du glücklich warst, weiß ich nicht; eines aber weiß ich, Du hast uns mit mehr Glück beschenkt als jeder andere. Millionen von uns werden weit älter als Du mit Deinen fünfunddreißig Jahren, ohne auch nur annähernd so viele Schätze und Freuden zu hinterlassen, wie Du es getan hast.

Fünfundvierzig Jahre... bis zu diesem Tag war ich Dein Waisenkind, mein Vorfahr, mein Vorbild, mein Meister; und jetzt wird aus dem Waisenkind ein Vater, älter und reifer als Du... der Vater eines toten Kindes. Während ich altere, wirst Du immer jünger werden.

Es treibt mir die Schamesröte ins Gesicht, wenn ich daran denke, daß es eine Zeit gab, in der ich mich meiner Liebe zu Dir schämte. Ein dummer Vorbehalt, der mir heute fremd ist. Wer sagt »Ich liebe Mozart«, entblößt sich und bekennt, daß er sich in seinem Inneren noch etwas Kindliches, Freudiges, Heiteres bewahrt hat. Wer sagt »Ich liebe Mozart«, bekundet lauthals, daß er lachen, spielen, rennen, sich im Gras wälzen, den Himmel umarmen und die Rosen liebkosen möchte. Mozart, das bedeutet Lebendigkeit, schnelle Beine, ein pochendes Herz, summende Ohren, Sonnenwärme auf unseren Schultern, das Wunder zu leben.

Du lehrst uns Glück, indem Du den Dingen Geschmack verleihst, indem Du selbst dem kleinsten Augenblick etwas von der Süße einer Frucht abgewinnst. Eine kleine Nachtmusik? Nein, eine große heitere Lichtmusik, Du erneuerst unser Dasein, machst es zu einem Jubelgesang, in den selbst Schmerz und Leid einstimmen, denn glücklich sein bedeutet nicht, daß man das Leid ablehnt, sondern es annimmt.

Wenn ich daran denke, daß ich mich einmal geschämt habe, Dich zu lieben. Mich geschämt habe, mich so wenig weiterentwickelt zu haben.

Jetzt gestehe ich es nicht nur, sondern sage es frei heraus: Mozart, ich liebe Dich. Und wenn ich *Mozart* sage, ist das mehr als nur Dein Name, es ist der Himmel, Wolken, ein Kinderlächeln, Katzenaugen, das Gesicht geliebter Menschen; Dein Name wird zur Chiffre, die allem, was der Liebe, der Bewunderung und des Staunens würdig ist, allem, was aufwühlt und zu Herzen geht, alle Schönheit der Welt zurückgibt.

Ich bin durch den Zwiespalt des Lebens gegangen. Es braucht Zeit, um zur Einfachheit zu finden.

Sei umarmt!

PS: Eines Tages werde auch ich gehen. Was für eine Musik empfiehlst Du mir für diesen Augenblick? Bitte, wirf einen Blick in Dein Repertoire und mach mir einen Vorschlag. Ich möchte nichts Trauriges und auch nichts Pompöses. Fällt Dir etwas Passendes ein?

Eilbotschaft

16
Die Zauberflöte
KV 620
Akt 1
Ausschnitt aus dem Quintett

Die drei Damen
Drei Knäbchen, jung, schön, hold und weise,
Umschweben euch auf eurer Reise.
Sie werden eure Führer sein,
Folgt ihrem Rate ganz allein.

Tamino, Papageno
Drei Knäbchen, jung, schön, hold und weise,
Umschweben uns auf unsrer Reise?

Die drei Damen
Sie werden eure Führer sein,
Folgt ihrem Rate ganz allein.

Alle
So lebet wohl! Wir wollen gehen;
Lebt wohl, lebt wohl, auf Wiedersehn!

Ganz der Deine,
Mozart

Was Mozart mir schickte

1 Seite 1
Figaros Hochzeit (Le Nozze di Figaro), KV 492
Akt III, Arie der Gräfin: *Dove sono i bei momenti*
Gundula Janowitz, Orchester der Deutschen Oper
Berlin, Karl Böhm – 4'57
℗ 1968 Deutsche Grammophon, Universal Music 423 115-2

2 Seite 22
Figaros Hochzeit (Le Nozze di Figaro), KV 492
Akt I, Arie des Cherubino: *Non so più*
Frederica von Stade, London Philharmonic Orchestra,
Sir Georg Solti – 2'49
℗ 1982 Decca Music Group, Universal Music 410 150-2

3 Seite 31
Figaros Hochzeit (Le Nozze di Figaro), KV 492
Akt IV, Arie der Barbarina: *L'ho perduta*
Yvonne Kenny, London Philharmonic Orchestra,
Sir Georg Solti – 1'41
℗ 1982, Decca Music Group, Universal Music 410 150-2

4   Seite 35
Ave verum corpus, KV 618
Motette
Academy of St Martin in the Fields,
Sir Neville Marriner – 3'33
℗ 1994 Decca Music Group, Universal Music 438 999-2

5   Seite 46
Klarinettenkonzert A-Dur, KV 622
2. Satz: Adagio
Charles Neidich, Orpheus Chamber Orchestra – 7'28
℗ 1988 Deutsche Grammophon, Universal Music 469 362-2

6   Seite 50
Eine kleine Nachtmusik, Serenade G-Dur, KV 525
4. Satz: Rondo Allegro
Orpheus Chamber Orchestra – 3'58
℗ 1988 Deutsche Grammophon, Universal Music 471 435-2

7   Seite 59
Violinkonzert Nr. 3 G-Dur, KV 216
2. Satz: Adagio
Augustin Dumay, Camerata Academica Salzburg – 7'33
℗ 1998 Deutsche Grammophon, Universal Music 457 645-2

8 Seite 66
Così fan tutte, KV 588
Akt 1, Terzettino
Fiordiligi, Dorabella, Don Alfonso:
Soave sia il vento
Renée Fleming, Anne-Sofie von Otter,
Michele Pertusi, The Chamber Orchestra Of Europe,
Sir Georg Solti – 2'49
℗ 1996 Decca Music Group, Universal Music 444 174-2

9 Seite 79
Streichquartett Nr.15 d-Moll, KV 421
1. Satz: Allegro
Guarneri Quartet – 7'40
℗ 1974/1975 RCA Red Seal, Sony BMG 82786 60390-2

10 Seite 81
Messe in c-Moll, KV 427
Et incarnatus est
Maria Stader, Chor der St. Hedwigs-Kathedrale,
Radio-Symphonie-Orchester Berlin,
Ferenc Fricsay – 8'04
℗ 1960 Deutsche Grammophon, Universal Music 463 612-2

11 Seite 84
Klavierkonzert Nr. 21 D-Dur, KV 467
2. Satz: Andante
Vladimir Ashkenazy, Philharmonia Orchestra – 7'53
℗ 1977 Decca Music Group, Universal 443 735-2

12 Seite 91
Die Zauberflöte, KV 620
Akt 1, Duett
Pamina und Papageno:
Bei Männern, welche Liebe fühlen
Barbara Bonney, Gilles Cachemaille,
The Drottningholm Court Theatre Orchestra,
Arnold Ostman – 2'46
℗ 1993 Decca Music Group, Universal Music 470 056-2

13 Seite 100
Die Zauberflöte, KV 620
Akt 1, Ausschnitt aus dem Finale:
Komm, du schönes Glockenspiel
Hermann Prey, Wiener Philharmoniker,
Sir Georg Solti – 1'17
℗ 1971 Decca Music Group, Universal Music 414 568-2

14 Seite 110
Die Zauberflöte, KV 620
Akt I, Ausschnitt aus dem Quintett
Tamino, Papageno und die drei Damen:
O Prinz, nimm dies Geschenk von mir!
Hermann Prey, Hetty Plümacher, Stuart Burrows,
Hanneke van Bork, Yvonne Minton,
Wiener Philharmoniker, Sir Georg Solti – 0'48
℗ 1971 Decca Music Group, Universal Music 414 568-2

15 Seite 113
Die Zauberflöte, KV 620
Akt II, Ausschnitt aus dem Finale
Pamina und Tamino: *Wir wandelten durch Feuergluten*
Kiri Te Kanawa, Francisco Araiza, Academy of
St-Martin-in-the-Fields, Sir Neville Marriner – 3'52
℗ 1990 Decca Music Group, Universal Music 426 276-2

16 Seite 123
Die Zauberflöte, KV 620
Akt I, Ausschnitt aus dem Quintett:
Drei Knäbchen, jung, schön, hold und weise
Hermann Prey, Hetty Plümacher, Stuart Burrows,
Hanneke van Bork, Yvonne Minton,
Wiener Philharmoniker, Sir Georg Solti – 1'37
℗ 1971 Decca Music Group, Universal Music 414 568-2

*Weitere Titel von Eric-Emmanuel Schmitt
im Ammann Verlag*

Eric-Emmanuel Schmitt
Monsier Ibrahim und die Blumen des Koran

Erzählung
Aus dem Französischen von
Annette und Paul Bäcker
2003. 112 Seiten
ISBN 3-250-60055-5
MERIDIANE 55

Der Publikumsliebling 2004, ausgezeichnet mit dem Deutschen Bücherpreis.

Gar nicht schlecht, einen erwachsenen Freund zu haben, der einem mit Rat und Tat zur Seite steht. Und noch dazu, wenn er Araber ist und, wie Monsieur Ibrahim, der Kolonialwarenhändler in der Rue Bleue, zu jeder Lebenslage etwas Passendes in seinem Koran zu finden weiß. Der zwölfjährige Moses lernt schnell, daß »Araber« zu sein keineswegs allein mit der Herkunft zu tun hat, es bedeutet in der Branche nichts weiter als: nachts und auch am Sonntag geöffnet. Eine religionsübergreifende Parabel über Weisheit, Toleranz, Fatalismus und Herzensgüte und über eine ungewöhnliche Freundschaft.

»Das ist ein unendlich zartes, schönes, liebevolles Buch!«
Elke Heidenreich, Lesen!, ZDF

Ammann Verlag

Eric-Emmanuel Schmitt
Oskar und die Dame in Rosa

Erzählung
Aus dem Französischen von
Annette und Paul Bäcker
2003. 120 Seiten
ISBN 3-250-60057-1
MERIDIANE 57

Der zehnjährige Oskar hat Leukämie und weiß, daß er nur noch kurze Zeit zu leben hat. Seine Eltern sind Feiglinge und meiden das Thema. Nur die ehemalige Catcherin Oma Rosa hat den Mut, mit Oskar zusammenzusitzen und über seine Fragen nachzudenken. Sie rät ihm, sich jeden verbleibenden Tag wie zehn Jahre vorzustellen, und so durchlebt Oskar auf wundersame Weise ein ganzes Menschenleben: Pubertät, erste Liebe, Eifersucht, Midlife-crisis und das Alter. Glücklich, erschöpft und manchmal auch enttäuscht und nachdenklich erstattet er dem lieben Gott davon Bericht.

»Dieses schmale Bändchen schlägt alle Rekorde, der Autor bekommt Berge von Post, rührende Dankesbriefe für eine Geschichte, die ergreifend ist, tief traurig, stellenweise komisch – und zum Weinen schön. Sie ist ein kleines Wunder zwischen zwei Buchdeckeln.«   *Irmgard Hochreither, STERN*

Ammann Verlag

Eric-Emmanuel Schmitt
Oskar und die Dame in Rosa

Erzählung
Aus dem Französischen von
Annette und Paul Bäcker
Mit achtzehn farbigen Abbildungen
von Marcelino Truong
2005. 112 Seiten
ISBN 3-250-10494-9
Großformat

Oskar *und die Dame in Rosa* ist ein Buch, dem man sich nicht entziehen kann. Genausowenig wie den liebevollen Zeichnungen Marcelino Truongs, der schon die meisten Buchcover Eric-Emmanuel Schmitts illustrierte und damit den Stil seiner Bücher prägte. Nun bereichert er auch die Geschichte des kleinen Oskar mit seinen warmherzigen und farbenfrohen Illustrationen und vollbringt damit eine weitere Steigerung in der Schönheit dieser hinreißenden Erzählung.

»Oskar und die Dame in Rosa ist eine Hymne auf das Leben.«
Der Spiegel

Ammann Verlag

Eric-Emmanuel Schmitt
Das Kind von Noah

Erzählung
Aus dem Französischen von
Inés Koebel
2004. 144 Seiten
ISBN 3-250-60076-8
MERIDIANE 76

Joseph ist sieben, und Brüssel ist unter deutscher Besatzung, als Herr und Frau Bernstein ihren Sohn bei den de Sullys abgeben, weil er zu Hause nicht mehr sicher ist. Ob er seine Eltern jemals wiedersehen wird, ist ungewiß.

Mit einem gefälschten Paß ausgestattet, findet Joseph Unterschlupf in der Gelben Villa von Pater Bims, wo noch viele andere Jungen Zuflucht vor der Verfolgung durch die Nazis suchen. Joseph übersteht die Schrecken des Krieges und wird eingeweiht in das geheimnisvolle Doppelleben des Paters.

Wie sich christliche und jüdische Religion unterscheiden und ergänzen können wird hier mit der bekannten Leichtigkeit des Autors von *Monsieur Ibrahim und die Blumen des Koran* erzählerisch vermittelt.

»Ein intelligentes, bewegendes Buch, das eine vergangene Geschichte erzählt und dabei die Gegenwart erhellt, unbedingt zu lesen!« *Joëlle Smets, Le soir Magazine*

Ammann Verlag

Eric-Emmanuel Schmitt
Die Schule der Egoisten

Roman
Aus dem Französischen von
Inés Koebel
2004. 176 Seiten
ISBN 3-250-60061-X
MERIDIANE 61

Durch Zufall stößt ein Philosophiedoktorand in der Bibliothèque Nationale auf einen Exzentriker, der im 18. Jahrhundert die Pariser Salons eroberte. Dieser Gaspard Languenhaert, ein brillanter Kopf, behauptete lauthals, die Welt existiere nur in seinem Denken. In kürzester Zeit bildete sich eine Jüngerschar um ihn, lauter ›Egoisten‹, ein jeder sein eigener Gott, die zusammen um die Wette spekulierten. War Languenhaert ein großer Denker, ein Menschenverächter, ein selbstverliebter Narr oder Opfer seiner eigenen Geistesschärfe?

Ein philosophischer Krimi, der uns ins Paris der Aufklärungszeit zurückversetzt und mit einem Augenzwinkern bis an die Grenzen des gesunden Menschenverstandes führt.

»Der fröhlich-freche Romanerstling von Eric-Emmanuel Schmitt: für zynisch-ironische Leser ein Genuß.«
Markus Bundi, Aargauer Zeitung

Ammann Verlag

Eric-Emmanuel Schmitt
Das Evangelium nach Pilatus

Roman
Aus dem Französischen von Brigitte Große
2005. ca. 280 Seiten
ISBN 3-250-60064-4
MERIDIANE 64

Ein Mann im Garten am Ölberg, allein, am Vorabend seiner Verhaftung. Die Worte der Mutter klingen ihm noch im Ohr: Jemand, der liebt wie du, wird leiden müssen. Ein schlechter Jude, ein schlechter Zimmermann. Er wartet auf die Soldaten, die ihn holen und abführen werden. Er wartet auf seine Hinrichtung.

Ein anderer Mann, ein anderer Ort. Vielleicht fünfzehn Verhaftungen, nur drei Kreuzigungen, es hätten geruhsame Feiertage für ihn werden können. Doch dann verschwindet die Leiche eines der gekreuzigten Männer. Ganz Jerusalem ist erschüttert, die Menschen sprechen von *Wunder* und *Auferstehung,* manche sagen, der Gekreuzigte sei ihnen erschienen, oder man habe zumindest davon gehört. Pilatus hat wenig Verständnis für die jüdischen Verrücktheiten, die Lage muß beruhigt, der Tote muß gefunden werden, die Ermittlungen beginnen.

Eric-Emmanuel Schmitt befreit die Protagonisten der Passionsgeschichte von ihrer Rollenfestschreibung, haucht ihnen mit frischer Feder neues Leben ein und erzählt uns eine sehr vertraute Geschichte so spannend und neu, als hörten wir sie zum ersten Mal.

Ammann Verlag